Alexa Grassm…

sie lieben

ALEXA GRASSMANN

sie lieben

weil Selbstfindung keine Phase ist

allegria

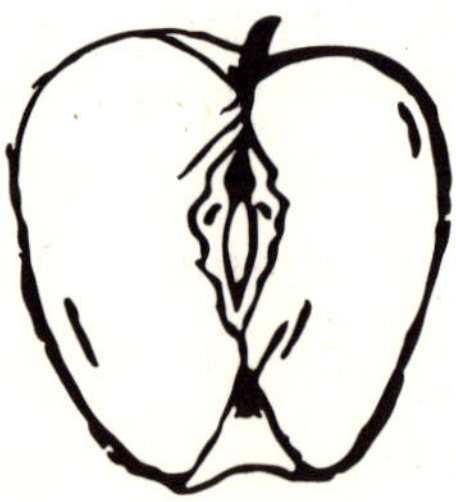

Inhalt

Begriffe und Abkürzungen

Frauen meint **FLINTA**. Dies dient der sprachlichen Einbeziehung von Frauen, Lesben, inter, nichtbinären, trans und agender Menschen. Denn sie sind alle von sexueller Diskriminierung und patriarchaler Gewalt betroffen.

In einer **heteronormativen** Gesellschaft wird von allen Menschen erwartet, dass sie cis und hetero sind. Die vorherrschende Geschlechterordnung verknüpft einen als weiblich klassifizierten Körper mit als weiblich klassifizierten Persönlichkeitsmerkmalen sowie Verhaltensmustern und einem auf Männer gerichteten Begehren.

Queer verwende ich als Überbegriff für alles, was nicht heteronormativ beziehungsweise nicht cis-hetero ist.

Cis-Personen beschreibt alle, deren Geschlechtsidentität mit dem ihnen bei der Geburt zugewiesenen Geschlecht übereinstimmt.

trans Personen identifizieren sich nicht mit dem Geschlecht, das ihnen bei der Geburt zugewiesen wurde.

WLW steht für woman-loving-woman.

LGBTQIA* steht als inklusive Abkürzung für alle, die sich als lesbisch, schwul, bisexuell, transgender, queer, inter- und asexuell identifizieren. Das * steht für weitere sexuelle Orientierungen, die in der Aufzählung keinen Platz finden.

Prolog

Ich habe immer nach Identifikationsfiguren gesucht. In dieser Welt, in der es unzählige Geschichten gibt wie meine. Im Verborgenen, nicht erzählt. Beiläufig und wichtiger denn je, will ich den Fokus auf diese kleine, meine Geschichte legen.

KAPITEL I

Ich bin da

Ich will gerade gehen, als sie mich anspricht. Sich von mir verabschiedet, als wären wir alte Bekannte. Ihre kurzen blonden Haare glänzen im roten Licht und umrahmen ihr Gesicht, das von einer Mischung aus Selbstbewusstsein und herausfordernder Kühnheit geprägt ist. Ihre Augen funkeln. Der Drang von rhythmischer Musik durchdringt die Luft, während sich Menschen an uns vorbei über die enge Treppe nach unten schlängeln. Zwischen dem leisen Klirren von Gläsern und dem Summen von Gesprächen überlege ich, ob ich sie kenne oder sie mich. Die Szene ist klein, Köln ein Dorf. Es gibt eine einzige queere Bar – und die ist nicht nur Anlaufstelle für meine Freundinnen und mich, sondern für Menschen aus dem gesamten Umkreis.

»Ich bin übrigens Alexa«, stelle ich mich vor und strecke meine Hand aus.

KAPITEL II

Aufwachsen in einer Welt voller Heteros

Die fünfjährige Alexa wollte unbedingt Fußball spielen, so wie ihr Zwillingsbruder. Bei den Bambinis wurden keine Unterschiede zwischen Jungs und Mädchen gemacht, ich wurde am gleichen Standard gemessen und war eins von zwei Mädchen unter zwanzig Jungs. Ich fuhr bei Mitspielern und später bei Mitspielerinnen mit zu Fußballspielen, um in einem zu großen Trikot auf Aschenplätzen rechts außen um die Wette zu rennen. Trotz des breiten Stirnbands fielen mir meine dunkelblonden Haare ins Gesicht und störten mich. Meine Knie waren oft blutig aufgeschürft, ich mochte die Narben, die dadurch entstanden. Auf dem Platz wollte ich mich beweisen. Nach dem Spiel kamen wir im Kreis zusammen, und mein Trainer, vollbäuchig mit schwarzem Schnurrbart und pechschwarzen Haaren, sagte in die Runde: »Nehmt euch ein Beispiel an Alexa. Wenn sie fällt, steht sie einfach auf, als wäre nichts passiert«, und lächelte mir zu.

Der Anspruch auf Unabhängigkeit wurde mir in die Wiege gelegt, könnte man sagen. »Jeder ist für sich selbst verantwortlich«, ein Leitspruch in meiner Familie. Wir fuhren nach Südfrankreich, das Auto voll Gepäck, Fahrräder teils auf dem Dach, teils im Auto, zwischen meinem Bruder und mir Radspeichen. Ziel war ein Campingplatz an der Côte d'Azur mit jeder Möglichkeit für sportliche Aktivität im Schutz des Pinienhains.

Meine Mutter trat morgens in Radkleidung aus dem Mobilheim, heute würde es als »Tiny House« durchgehen, und verkündete: »So, wer mitwill, kommt mit.« Bereit für siebzig Kilometer im selbst ernannten Radfahrer-Mekka. Mal verschwanden meine Eltern für drei Stunden, mal über Nacht.

Dieses Mal waren sie in die Dämmerung geraten, und an einem steilen Abhang war ein Durchkommen mit den Mountainbikes unmöglich, also legten sie sich an den Waldrand, deckten sich zu mit einer Landkarte und froren, bis sie bei Morgengrauen den Weg zurückfanden. Für mich gehörten diese Abenteuer irgendwie dazu, der mir vorgelebte Mut war mein Vorbild. Ich wollte selbst raus aufs Meer, auf einem geborgten Surfboard, und blieb manchmal so lang, bis ich merkte, dass die Strömung übernommen hatte und ich abgetrieben war. Leichtsinnig malte ich mir aus, wie es wohl wäre, woanders an Land zu kommen und dort ein neues Leben zu beginnen.

Mit dem Kanu auf dem Dach fuhren wir zu mal mehr, mal weniger aufgewühlten Flüssen, um dort mit dem Kanu einzusetzen und uns zwischen schilfgesäumten Ufern und dichtem Wald mit kräftigen Durchzügen fortzubewegen. Eine weitere Person fuhr die Strecke zeitgleich mit dem Fahrrad. Der Versuch, meinen Bruder und mich zum Mitkommen zu überreden, gelang nicht immer. Lieber blieb ich zu Hause allein.

Alleinsein war mein Refugium, keine Geräusche, keine Pflichten, keine Erwartungen von außen. Ich schrieb in mein Tagebuch, drei hatte ich schon gefüllt, las und aß rohen Kuchenteig und Müsli mit einer extra Tafel Schokolade, zerkleinert, die perfekte Ergänzung zu dem schon übersüßen Müsli. Ich liebte Treffen mit mir selbst, meinen CDs und meinen Beobachtungen.

In der Grundschulzeit lernte ich Ronja kennen, die ihrer Namensvetterin Ronja Räubertochter verblüffend ähnlich war, die auf einem Hängenetz in der Luft schlief und zwischen den Wohnungen ihrer Eltern wechselte. Ihr dunkles Haar fiel lang und ungekämmt über ihre Schultern und zierte ihr zartes, aber oft entschlossenes Gesicht. Ronja war mutig und unerschrocken, und als wir unsere geteilte Liebe fürs Schreiben entdeckten, entwickelte sie sich schnell zu meiner engsten Freundin, der ich aus meinem Tagebuch vorlas und sie mir aus ihrem, mit der ich raus auf Felder ging und parallele Lebensrealitäten besprach.

Auch wenn die Familie zusammenkam, beobachtete ich. Es wurde diskutiert, über politische Ereignisse und Figuren – weniger über Gefühle, das eigene Aufwachsen oder Beziehungsformen. Die Beziehungen, die in meinem engsten Umfeld gelebt wurden, nahm ich als kaum körperlich wahr. Verbindende Elemente waren die Leidenschaft für den Sport, die gemeinsamen Aktivitäten, der Lebensgeist. Ich nahm das als Beziehungskonzept an, eine eigene hatte ich ja nie geführt.

In mir wuchs ein Begehren nach Offenheit und Aussprechen von vermeintlich Verbotenem, von Gefühlen, die nicht als positiv empfunden wurden.

◇

Interesse an Partys hatte ich als Fünfzehnjährige nicht. Ronja war umgezogen, und ich blieb gerne zu Hause. In meinem Zimmer unter der Dachschräge las ich Maya Angelous Gedichte und Romane, die mich mit ihrer Willensstärke inspirierte. In *I Know Why the Caged Bird Sings* (dt. *Ich weiß, warum der gefangene Vogel singt*) erzählte sie von ihrem Aufwachsen im ländlichen Süden der USA, Übergriffen in Kinderjahren und ihrer Schwangerschaft als Jugendliche. Ein Jahr ihrer Kindheit verbrachte sie schweigend – aufgrund ihrer Erfahrungen – und schrieb stattdessen. Ich sah ein Interview, in dem sie aus der Komödie *Heautontimorumenos* (dt. *Der Selbstquäler*) des Dichters Terenz zitierte: »*Homo sum, humani nihil a me alienum puto.*« »Ich bin ein Mensch, nichts Menschliches kann mir fremd sein.« Die Worte ließen mich über die Essenz unseres Verständnisses füreinander nachdenken. Was würde ich tun, wäre ich anders sozialisiert oder würde in einem anderen Körper stecken? Damals wusste ich nicht, dass mich dieser Appell an die Empathie bis heute begleiten würde.

Wenn ich nicht las, tauschte ich mich über Twitter mit Menschen auf der anderen Seite der Welt aus. Isa Hernandez war ein Jahr jünger als ich und kam aus Guatemala. Marina war ein Jahr älter und lebte in Florida. Uns verband ein Crush auf Ellen Pompeo, den wir alle erst Jahre später als solchen erkannten. Da drüben in Amerika, im mir weit entfernten Los Angeles, lebte auch Ellen DeGeneres, die einzige mir bekannte öffentlich lesbische Frau. Und, kurz nachdem Kalifornien 2008 die gleichgeschlechtliche Ehe möglich machte, auch die erste mir bekannte offiziell mit einer Frau verheiratete Frau. Nachts blieb ich oft chattend wach, um der Zeitdifferenz entgegenzuwirken, morgens war ich müde.

In der Schule traf ich auf Freundinnen, die mir von betrunkenen Nächten in Kölner Clubs berichteten, in denen sie auf dem Klo erwischt wurden. Es fiel mir schwer, mich in sie hineinzuversetzen, ich empfand Mitleid, dabei waren es selbstbestimmte

Handlungen meiner Freundinnen, und aus mir sprach meine internalisierte Misogynie. Auf keiner Party anzutreffen, gehörte ich zu denen, die in der Pause allein oder inmitten von Gruppen, in denen sie niemand so richtig kannte, saßen. Dabei, aber nicht dazugehörig.

KAPITEL III

Ford Fiesta

Mit sechzehn beschloss ich, mich für ein Austauschprogramm zu bewerben. Raus aus meiner begrenzten Welt, möglichst weit weg und möglichst unbekannt. Die Gastfamilie noch nicht gefunden, dafür ein Ziel: Costa Rica. Damals noch nicht so stark bereist wie heute, ein mir unbekanntes Land und Spanisch eine mir unbekannte Sprache, an der ich aber umso mehr Interesse hatte. Ein paar Wochen vorher besuchte ich einen Volkshochschulkurs, den ich mit unzureichendem Spanisch verließ, einem »*¿Hola, qué tal?*« – Castellano, das man in Costa Rica so nicht verwenden würde – und einer Wortkombination, mit der ich ein Croissant bestellen könnte, das ich in Costa Rica nie bestellen würde.

Angekommen am Flughafen, fühlte sich mein Vorhaben plötzlich an wie ein riesiges, eins, vor dem ich Respekt hatte, das ich aber sehnlichst erwartete. Ich wollte das durchziehen, ich wollte bleiben.

Abgeholt wurde ich aus dem Hostel inmitten San Josés, der belebten Hauptstadt, in der ich eine Woche auf einen Platz bei einer Gastfamilie wartend verweilt hatte, von drei Gastschwestern, Vater und Mutter, mit einem Pick-up-Truck. Es war achtzehn Uhr und dunkel. Wir fuhren durch die Provinz und verstanden uns kaum, mein Spanisch genauso bruchhaft wie ihr Englisch.

Am nächsten Morgen erwachte ich in einem Bergdorf im Inland Costa Ricas mit den Geräuschen von Hühnern, die auf den brüchigen Straßen umherirrten. Es war warm, und die Sonne stand hoch. Ich wollte unbedingt mit in die Schule kommen, heute, nicht erst wie geplant zwei Tage später. Wir aßen ein mit Pintobohnen belegtes Sandwich und gingen zu Fuß zum *Colegio*.

Die örtliche Schule bestand aus einem übersichtlichen Gebäude umrahmt von Palmen und einem großen Wald mit hell- bis dunkelolivgrünen Blättern. Am Eingang befand sich das kleine Büro der Schulleiterin, die drinnen auf uns wartete. Als ich eintrat, begrüßte sie mich mit einer sanften, aber bestimmten Stimme. »*Bienvenida. ¿Vino con ellas? ¿Como se llama?*« Sie hieß mich willkommen und fragte nach meinem Namen, doch mein brüchiges Spanisch hinderte mich an einer Antwort. Ich spürte, dass sie meine Unsicherheit erkannte. Die hohen Absätze ihrer fuchsienfarbenen Stilettos ließen sie noch größer wirken, sie trug ein lachsfarbenes kurzärmliges Oberteil, eine hellblaue Jeans und große goldschimmernde Kreolen. Ihr langes, seidiges Haar war zu einem hohen Knoten gesteckt, der von einer fliederfarbenen Klammer gehalten wurde. Mein Blick fiel erst nach einem kurzen erstaunten Moment auf ihre ausgestreckte Hand, in der sich ein hellblaues, mit Schullogo besticktes T-Shirt befand. »*Póngase esto –*«, wies sie mich mit einem Nicken an, es anzuziehen. Eine Jeans genüge für heute, bald müsse ich mir in der Stadt Stoff besorgen und mir von einer Freundin der Familie eine passende Hose nähen lassen.

Das war die Schuluniform: ein hellblaues Hemd und eine hellgraue Stoffhose mit weitem Bein. Selbige Hose mit pinkem Hemd, sobald man sich für die Richtung *Secretaria* entschied, die einen Basiswissen für eine Anstellung im Büro lehren sollte. Dass das fast ausschließlich Mädchen taten und die andere Hälfte der Schüler:innen, die den Werdegang *Computaria* wählte, männlich war, hinterfragte ich kaum.

An besagtem ersten Schultag zog ich das hellblaue Hemd des *Colegios* an und war ab sofort Teil der kleinen Schule. Selten hatte ich mich so willkommen und gleichzeitig so verloren gefühlt. Als ich in den großen, lichtdurchfluteten Saal trat, der den Mittelpunkt der Schule ausmachte, fiel mein Blick auf Laura. Als sie mit einem offenen Lächeln auf mich zutrat und mich auf Englisch begrüßte, fiel meine Mauer. Sie stellte sich mit ihrem vollen Namen als Englischlehrerin vor, und ich mich als verlorene Austauschschülerin. Trotz ihrer Absatzsandalen war sie kleiner als ich. Sie trug ihr dunkles Haar offen, ein schlichtes Oberteil und eine dunkle Jeans. Sie strahlte eine Mischung aus Ruhe und Wärme aus. Ich spürte, wie sich die Anspannung der ersten Tage in einem fremden Land löste, des Auf-mich-allein-gestellt-Seins, das ich in meinen Jugendjahren als einen sicheren, antreibenden Teil von mir wahrgenommen hatte und das sich nun doch wie eine schwere Last auf meine Brust gelegt hatte. *»Oh, I'm so glad you're here. You're the first person I've been able to speak to in a week«*, brach es aus mir heraus. Ich strich mit einer Hand über mein Gesicht und bemerkte die Tränen auf meiner Wange.

Laura sah mich an. Ihr Blick verriet echte Fürsorge. »*Do you like to run? Let's go for a run – here's my number.*« Sie nahm ihr altes Nokia aus der Handtasche und gab mir ihre Nummer. Es war, als reiche man mir einen Rettungsring auf dem offenen Meer. Ich lernte schnell, dass der Kontakt zwischen Lehrenden und Schüler:innen hier näher war – vertrauter. Von nun an tauschten wir Nachrichten aus, in denen sie von ihrem Alltag, ich von meiner Gastfamilie und meinen Spanischfortschritten berichtete, und nach Schulschluss trafen wir uns, um uns zu unterhalten. Es fühlte sich leicht an, die Sprachbarriere eliminiert, wie auch meine anfängliche Überforderung.

Mir ging es so gut wie noch nie. Das Gefühl, verloren zu sein, wandelte sich in eins des Ankommens, begleitet von einer Weltlosigkeit, losgelöst von der Welt, in der meine Identität schon vorbestimmt war, »zu Hause«. Hier konnte ich mich neu definieren, hier verstand ich zum ersten Mal, wie sich die Entdeckungsreise, die mit den Teenagerjahren beginnt, wohl für viele meiner Mitschülerinnen zu Hause anfühlen musste.

Wenige Wochen später änderte ich meine Kurswahl, um an Lauras Englischunterricht teilzunehmen.

Um sechs Uhr dreißig aufzustehen, den Hügel, auf dem ich mittlerweile bei einer neuen Gastfamilie wohnte, runterzulaufen, um genau um Punkt sieben an der Schule anzukommen, machte mir nichts aus, wenn ich ihr Auto in der Einfahrt sah. Ein alter gelber Ford Fiesta, reparaturbedürftig, den ich überall und sofort erkannte. *»Be safe, kiddo«*, verabschiedete mich mein Gastvater, ein pensionierter Lehrer aus Los Angeles, der vor zwei Jahren nach Costa Rica gezogen war, um seiner Tochter und ihrer Mutter einen Platz in seinem Leben einzuräumen und mit ihnen zu wohnen. In meiner neuen Gastfamilie fühlte ich mich endlich wohl. *»And don't trust anyone.«*

Ich folgte seinem Rat nicht. Es war ein gewöhnlicher Montag, als wir uns zum Lunch in kleinen Gruppen auf den Steinbänken auf dem grünen Gelände der Schule mit unserem mitgebrachten Mittagessen versammelten. Ich öffnete meine Box mit *»Gallo Pinto«*, bestehend aus Reis und schwarzen Bohnen, als ich hörte, dass meine Mitschüler über Lauras Äußeres diskutierten. Ihre Worte waren despektierlich. Sie verrieten Interesse, das sich hinter der Abwertung ihres Kleidungsstils und ihres Auftritts verbarg. Ich drehte mich zu ihnen und unterbrach das Gespräch. Weder wollte ich daran teilhaben noch meine Wut offenbaren. Einige meiner Mitschüler sahen mich überrascht an, während andere peinlich berührt schienen. Ich spürte eine ungewöhnliche Zufriedenheit darüber, das Gespräch aufgelöst zu haben.

Trotz meines Versuchs, meine eigenen Gefühle zu verleugnen, konnte ich die Wärme nicht verbergen, die ich spürte, wenn ich an Laura dachte, die Vorfreude auf jedes Treffen und das Verlangen, sie am nächsten Tag wiederzusehen. Ich ordnete diese Gefühle einem Vertrauen zu, einer Zuneigung, die darauf basierte, dass sie mir zuhörte, mich verstand und ein Anker war. Sie war eine gute Freundin. Meine Gefühle versteckten sich nicht nur vor meinen Mitschülern, sondern am besten vor mir selbst.

◇

Eine Mitschülerin hatte mir von Jose erzählt, von ihm geschwärmt, er sei groß und attraktiv und der schönste Mann der Schule. Begehrt und bekannt für eine lange Reihe an Ex-Freundinnen, und das im Alter von siebzehn Jahren. Eine Woche später sprach ich ihn in der Pause an. Er versprach, mir Spanisch beizubringen, wenn ich mit ihm auf ein Date ginge. Das erste Date meines Lebens.

Wir trafen uns an einem Donnerstagabend nach Schulschluss in der Stadt, es war schon wieder dunkel, die Stadt war angepasst an den nordamerikanischen Standard und strotzte vor Fast-Food-Ketten. Er trug eine simple dunkelblaue Jeanshose mit einem grauweißen Hemd und Vans. Er hatte sich Gedanken gemacht. Statt der Schuluniform trug ich ein langärmliges Oberteil in Koralle, meine blonden Haare lang, fast erreichten sie den Bund meiner eng anliegenden Hose. Um mich zu beschützen, wechselte er die Seite, wenn wir die Straßen überquerten, sodass ich den Autos auf den breiten Straßen fern war. Er lud mich auf das günstige Essen ein und stellte mich seinen Freunden vor, die mir Fragen stellten und mich offen annahmen. Wir tauschten deutsche und spanische Sätze aus, und im Bus auf dem Weg zurück nach Hause lehnte er sich zu mir rüber und sagte mit einem Grinsen auf dem Gesicht und einer starken Betonung des »ss«: »Küss mich.«

Es war unser erster Kuss und ich auf Wolke sieben. Ich fühlte mich begehrt, und er nahm mir die Entscheidung ab. Angekommen bei meiner Gastfamilie, dachte ich, so muss sich Verliebtsein anfühlen, oder? Noch nie hatte jemand für mich die Straßenseite gewechselt, geschweige denn nach einem Date gefragt. Er war respektvoll und seine braunen Augen groß und freundlich. Sie sahen mich an, wie mich noch nie ein Mann angesehen hatte.

Als ich ein halbes Jahr später an der Reihe war, meine Wahl zu treffen, blaues oder pinkes Hemd, *Computaria* oder *Secretaria*, fiel sie automatisch auf *Secretaria*. So war ich mit meinen Freundinnen, die ich nun ehrlich meine Freundinnen nennen konnte, in einer Klasse, keine unbekannten Gruppen mehr.

In den Pausen der anderthalbstündigen Kurse zog ich mit Jose, den ich nun meinen ersten Freund nannte, Kreise um das kleine Gebäude. Wir setzten uns auf eine Steinbank im Schatten oder lehnten am Holzgelände und sagten uns, dass wir uns gernhatten, aber nie, dass wir uns liebten. Wir kamen uns nah, aber nie zu nah.

KAPITEL IV

Geheimnis

Meine Gefühle für Männer konnte ich nie ganz greifen. Etwas fehlte. Was es war, konnte ich nicht entziffern. Es müsste nur der Richtige kommen. Einer, der spanisch spreche, reflektiert und respektvoll sei. Meine Grenzen wahre. Wie fast jede zweite Frau begegnete ich einigen, die das nicht taten. Es würde einer kommen, der mir beibringen würde, dass ich imstande war, zu lieben und zu begehren. Ich hatte mein Studium begonnen und hörte den Geschichten meiner Kommilitoninnen zu, die von Theo und Jonas und Daniel sprachen.

Fühlt sich so Verliebtsein an? Hilfesuchend hielt ich Ausschau nach mehr, nach Antworten in den Erfahrungen meiner damaligen Freundinnen. In einer großen Runde saßen wir abends auf der Terrasse unseres Ferienhauses an einem Teakholztisch bei

Feigenkuchen und Rotwein zusammen. »Also, erzähl jetzt! Was ist mit Theo?«, fragte Lena, die stets neugierig war. »Wir haben uns wiedergetroffen«, setzte Anna an und fuhr sich durch die Locken. »Wir sind zwar noch nicht offiziell zusammen, aber ich glaube, da könnte etwas Ernstes draus werden«, Ihre Augen strahlten. Die anderen beiden tauschten wissende Blicke aus. Ich fühlte mich wie eine Beobachterin. Ich nippte an meinem Rotweinglas und lächelte Anna zu. »Ich freu mich für dich.«

Meine Worte waren aufrichtig, zugleich spürte ich eine leichte Unruhe in mir. Was fehlte mir, dass ich mich nicht so mitreißen ließ? Jede von ihnen vergeben oder auf dem Weg dahin, ich die auffällig lang Einsame ohne Beziehung. Anna bemerkte meinen nachdenklichen Gesichtsausdruck. »Und was ist mit dir?« Ich zögerte einen Moment. »Ich glaub, ich bin einfach glücklich mit meiner Freiheit und meiner Zeit mit mir. Natürlich habe ich auch schon Menschen getroffen, aber es hat sich einfach nicht so angefühlt, als könnte es etwas Ernstes werden.« Lena und Anna nickten verständnisvoll, aber ich konnte spüren, dass sie ein wenig verwirrt waren. Ich war wohl eine Spätzünderin. Ein Für-immer-Single. Eine der Singles, die noch nie Liebe erlebt hatten, sie nicht kannten und sie deshalb nicht vermissten. Eine Glückliche. Trotzdem sah ich immer wieder Fragezeichen auf der gerunzelten Stirn meines Vaters, in den Gesichtern meiner Freundinnen. Stimmte mit mir etwas nicht? Auch eine Zweifelnde.

◇

Die Dating-Geschichten meiner Freundinnen kannte ich, wie Dating zwischen Frauen hingegen aussah, wusste ich nicht, geschweige denn zog ich es in Erwägung. Im Grunde nimmt dich niemand an die Hand und erklärt dir, welche Orientierungen es gibt neben der heterosexuellen, welche Geschlechtsidentitäten neben den binären und welche Orgasmen neben dem vaginalen. (Und dass der für Personen mit Vulva nicht selbstverständlich ist, sondern dass der Großteil der schwindend geringen siebenundzwanzig Prozent von ihnen, die bei Heterosex überhaupt einen Orgasmus erleben, das klitoral tun, nicht vaginal.) Insgesamt kommen (heterosexuelle) Frauen ein Drittel weniger häufig zum Orgasmus.

Dieses Missverhältnis nennt sich *Orgasm Gap*. Er ist nicht biologisch, sondern kulturell bedingt.

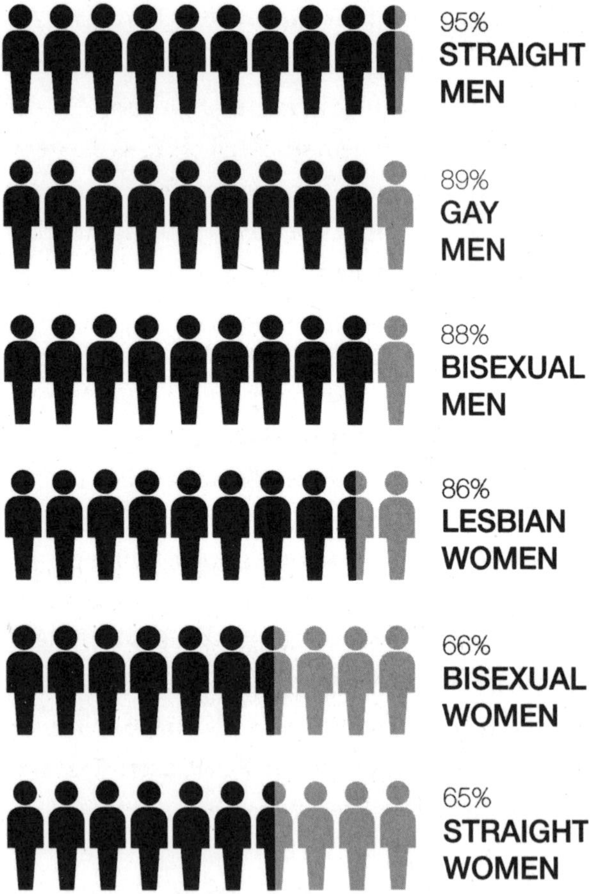

https://www.o.school/originals/orgasmgap

Laurie Mintz, die den Gründen für die Diskrepanz nachgeht, argumentiert, dass der Hauptgrund in unserer kulturellen Ignoranz und Unkenntnis der Klitoris liegt. Außerdem sei es üblich, dass die weiblichen Genitalien mit dem einen Teil verwechselt werden, der Männern, aber nicht Frauen zuverlässige Orgasmen beschert:

Vagina. Sicher ist: Die Orgasmusraten unterscheiden sich stark nach Geschlecht und sexueller Orientierung. Auch sicher ist: Diese Unterschiede fallen weg, sobald sie bei der Masturbation – besser: beim Solo-Sex – gemessen werden. Die Gründe für die geschlechts- und sexualitätsspezifische Orgasmuslücke sind rein gesellschafts-kultureller Natur. Sie ist ein Produkt der Darstellung von Sex und Sexualität in unserer Gesellschaft: Die am weitesten verbreitete Definition von Sex, die, mit der wir früh konfrontiert werden, ist Penetration. Penetration ist Sex. Alles andere haben wir »Vorspiel« genannt – und nicht als Sex deklariert. »Das, was vor dem Wesentlichen kommt«, weiß Wiktionary. Die romantische Vorstellung vom Orgasmus durch penetrativen Geschlechtsverkehr als ultimatives Ideal sexueller Lust entspricht in vielen Fällen nicht der Realität – und erklärt, warum vor allem Frauen und

Es ist interessant, dass die einzige Form von Sex, die für Frauen eine höhere Orgasmusrate aufweist, nicht als »richtiger« Sex wahrgenommen wird: der zwischen Frauen.

Personen mit Vulva betroffen sind, die Heterosex haben. Es ist interessant, dass die einzige Form von Sex, die für Frauen eine höhere Orgasmusrate aufweist, nicht als »richtiger« Sex wahrgenommen wird: der zwischen Frauen.

◇

Dass wir ohne Verständnis unserer eigenen Anatomie aufwachsen, überrascht nicht.

Im Biologieunterricht sagte uns unser Lehrer, dass wir Frauen wie Torwächterinnen seien, die das Tor vor einem Baby schützten. Grundton war: *Vorsicht, ihr könnt schnell und ungewollt schwanger werden.* »Im Grunde habe ich die eine Hälfte meines Lebens damit verbracht, keine Kinder zu kriegen, und die andere damit, Kinder zu kriegen«, sagt meine Mutter, als ich sie nach ihrer Erfahrung frage. Eins hat unsere Sexualkunde über die Generationen gemein: Sie lehrt uns, dass wir die Verantwortung tragen.

Weder ist der Kinderwunsch für alle einfach erfüllbar, noch waren queere Realitäten Teil des Lehrplans. Den wenigsten von uns wurde beigebracht, dass die Klitoris durchschnittlich 10 000 Nervenenden hat, also mehr als doppelt so viele wie die Spitze des Penis; und weitaus mehr als die Vagina.[1] Den wenigsten, dass sich die Phasen der Lust bei verschiedenen Geschlechtern stark unterscheiden.

Bis heute sind Zeichnungen der Klitoris in Lehrbüchern fehlerbehaftet und Aufklärung lückenhaft. Um mit Fehlinformationen aufzuräumen, hier eine korrekte Zeichnung der Klitoris:

Wir können sie uns vorstellen wie einen Eisberg. Die von außen sichtbare Eichel wurde lange als *die* Klitoris wahrgenommen. Dank der Urologin Helen O'Connell wissen wir aber seit 1998, dass die Klitoris aus vielen verschiedenen empfindsamen Teilen besteht, die alle für unseren Orgasmus verantwortlich sind – und zeigen sie trotzdem bis heute in Lehrbüchern als erbsengroßes Etwas.[2] Dabei erstrecken sich die Schwellkörper der Klitoris durchschnittlich zehn Zentimeter ins Innere und schwellen bei sexueller Erregung auf ihre doppelte Größe an. Dass die Klitoris viel größer ist als zuvor angenommen, trifft auch auf ihre Bedeutung zu. In Lehrbüchern werden Mythen aber nicht nur über die fehlerhafte Darstellung unserer Geschlechtsorgane weitergegeben, sondern auch über deren Bezeichnung:

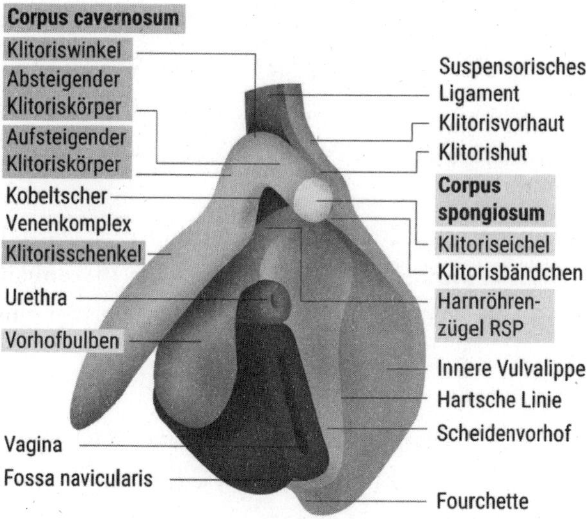

© Pia Bublies, Nach: Daniel Haag-Wackernagel (Ausschnitt)

Wir lernen die Vulvalippen als Schamlippen und das Hymen als Jungfernhäutchen kennen. Und wer masturbiert, der schände sich laut Wortherkunft selbst (aus dem Lateinischen: »*masturbari*« kommt von »*manustuprare*«; *manus* = Hand, *struprare* = schänden).

Vor meiner Lust und einem selbstbestimmten Umgang mit meiner Sexualität lernte ich Scham ken-

Geschlechterstereotype sind nicht nur repressiv, sondern sie sind es sowohl für Frauen als auch für Männer sowie für den Ausdruck jeder Geschlechtsidentität neben der binären.

nen. Sie war meine treue Begleiterin. So begleitete sie meine Hände, wenn sie mich berührten, meine Augen, die einen Blick in den Spiegel warfen, und meine Gedanken an Lust. Ich wusste: Wir sprechen sie nicht an, sie ist ein kleines Geheimnis, das fast alle in meinem Alter mit sich tragen, so gut behütet, obgleich so omnipräsent – die Lust, die Masturbation und die Scham.

Ich finde: Wir haben ein Recht auf Informationen, und zwar korrekte. Wir haben ein Recht auf Orgasmen. Wir haben ein Recht darauf, Eingang in einen Lehrplan zu finden und nicht verschwiegen zu werden: So identifizieren sich dreizehn Prozent der Generation Z in Deutschland nicht als hetero-, sondern als homosexuell, bi-, pan-, asexuell oder queer – und das, ohne die Dunkelziffer zu beachten.[3] Wir brauchen endlich gute Aufklärung, wir brauchen Lehrbücher, die die ganze Wahrheit abbilden. Nur so können nachfolgende Generationen stark, selbstbestimmt und vor allem frei aufwachsen.

◇

Niemand nimmt uns also an die Hand und erklärt, wie Dating – oder gar Sex – zwischen Frauen funktioniert.

Wahrscheinlich tut das auch niemand für Heterodating. Oder doch? Eine kurze Suche führt mich zu männlichen Datingcoaches im Internet, die wissen, wie Männer »jede rumkriegen« und wie sich Frauen am besten verhalten – oder was sie besser unterlassen –, um Männern zu gefallen. Ein Vater nimmt seinen Sohn zur Seite und führt mit ihm ein Gespräch »unter Männern«.

Geschlecht und Sexualität werden uns in dem Moment zugewiesen, in dem wir das Licht der Welt erblicken. Das Krankenhaus weist uns als männlich oder weiblich aus, das Geschlecht bestimmt dann die Spielzeuge, die uns angeboten werden: Actionfiguren, Autos und Lego für Jungen; Puppen, Küchengeräte und Malzeug für Mädchen. Außerdem wird von Geburt an davon ausgegangen, dass wir heterosexuell sind – so wie die Mehrheit unserer patriarchalen Gesellschaft. Eltern fragen ihre Töchter nach dem ersten Freund und ihre Söhne nach der ersten Freundin. Sie zelebrieren das Geschlecht ihres Babys in Pink und Blau, Mädchen für ihr Äußeres und Jungs für ihre Stärke. Geschlechterstereotype sind nicht nur repressiv, sondern sie sind es sowohl für Frauen als auch für Männer sowie für den Ausdruck jeder Geschlechtsidentität neben der binären.

Ich wuchs auf mit Filmen, die Männer in Machtpositionen oder auf dem Weg dorthin zeigten, und Frauen, die hilflos unrealistischen Erwartungen an die Liebe zum Opfer fielen. Noch heute endet fast jede Liebesszene mit dem Orgasmus des Mannes und verschweigt den der Frau oder lässt beide utopisch gleichzeitig kommen. Andere Szenen enden mit einem Kuss, am nächsten Morgen wachen beide im Bett auf, die Frau im BH. Als Zuschauerin werde ich in die männliche Perspektive versetzt. Das nennt sich *»Male Gaze«*. Durch ihn werden Geschichten aus der männlichen Sicht erzählt und eben benannte Geschlechterstereotype reproduziert. Das hat nicht nur Einfluss auf unser Denken, sondern auch auf die Möglichkeiten, die wir in Erwägung ziehen, auf unsere Vorstellung von Liebe und Sex und unsere Erwartungshaltung. Ich sah fern und dachte: *Ich wünschte, meine Lieblingsproduzentin wüsste, dass es mich gibt.* Wenn du kein Spiegelbild von dir in der Welt siehst, ist es einfach, deinen Platz in der Welt infrage zu stellen.

Mittlerweile gibt es neben *Bridget Jones* und *Tatsächlich ... Liebe* auch Filme, die queere Liebe zeigen. Guter Punkt. Welche fallen dir ein? Ich stoße auf einige, die vor allem eins gemein haben: Sie erzählen die Geschichten von schwulen weißen Männern. Ich denke an die Zeit zurück, in der ich verzweifelt nach WLW-Repräsentation, also Geschichten von frauenliebenden Frauen gesucht habe – ob bi, lesbisch, pan oder queer. *Grüne Tomaten* ist bis heute einer meiner Lieblingsfilme, verpasst jedoch die Chance, Ruths und Idgies Liebesgeschichte als solche zu benennen. Dabei basiert der Film auf dem gleichnamigen Buch, das absolut eindeutig ist: Es handelt von zwei sich (ineinander) verliebenden Frauen. Die Verfilmung aus dem Jahr 1991 wurde entschärft und zweideutiger gemacht, aus Angst. Wäre sie offensichtlich queer, würde sie weniger Geld einbringen.

Dann fällt mir *Blau ist eine warme Farbe* ein. Der französische Film war nicht nur der erste mit lesbischen Protagonistinnen, den ich gesehen habe, sondern insgesamt einer der ersten Filme, der Liebe(sszenen) zwischen Frauen realistisch darstellen sollte. Der Haken: Dass ein Film lesbische Liebe zeigt, bedeutet nicht, dass er dies aus einem Female Gaze heraus tut. Ganz im Gegenteil wird der männliche Regisseur von den beiden Hauptdarstellerinnen der Ausbeutung beschuldigt. Er habe sie schrecklichen Drehbedingungen unterworfen, insbesondere während der Liebesszenen, deren Dreh zehn Tage dauerte. Außerdem bediene er mit den lesbischen Liebesszenen seine eigene Schaulust (und den Male Gaze, den wir ja schon kennen). Dass lesbischer Sex fetischisiert wird, ist kein Einzelfall. Die Vorlage für *Blau ist eine warme Farbe*, eine Graphic Novel, stammt von einer trans Person: Jul Maroh. Jul schreibt auf deren Blog: »Das war es, was am Set fehlte: Lesben.«

Inzwischen, im Jahr 2023, gibt es Positivbeispiele: *Happiest Season, Porträt einer jungen Frau in Flammen, Kokon, Carol. Ein Licht in der Dunkelheit, Elisa und Marcela, La Bella Saison, I can't think straight.* Es sind wenige, aber es gibt sie.

Solange es an aufrichtiger Repräsentation lesbischer Liebe mangelt, habe ich jedes Recht, ja vielleicht sogar die Pflicht, meine Geschichte, eine echte und eine von vielen verschwiegenen, zu erzählen.

KAPITEL V

Ich war immer zu verklemmt

Manchmal müssen wir erst ein Stück weit reisen, uns vom Gewohnten entfernen und von den alltäglichen Mustern, in denen wir uns bewegen, miteinander agieren und kommunizieren, um einander näherzukommen. Ein anderer Kontext, durch den wir uns wirklich sehen, uns besser verstehen – oder uns neu kennenlernen. Der uns offener sein lässt. Mutiger.

Meine Mutter und ich sitzen auf gepolsterten Korbstühlen in der *Gomera Lounge*, einer Pianobar auf der zweitkleinsten Kanareninsel und Namensgeberin für den Laden. Gedämpftes Licht. Wir halten beide einen Weißwein in der Hand, so kalt, dass die Wände der bauchigen Gläser beschlagen. Es ist voll an diesem Abend, kein Platz mehr frei. Laut. Musik und Stimmengewirr. Wir müssen die Hände um den Mund schirmen und direkt ins Ohr der anderen sprechen, um einander zu verstehen. Die Gesichter um uns herum sind gerötet von der Wärme, der weinseligen Stimmung, sonnengebräunt von den Stunden unter freiem Himmel. Urlauber:innen in leichten Steppjacken stehen neben jenen, die hier vielleicht bereits vor Jahrzehnten gestrandet sind.

Aus unerfindlichen Gründen scheint sich halb Köln hier zu treffen. Die meisten, die hier zwischen Gemälden, Buddhastatuen und Korbmöbeln ihre Drinks nehmen, sind zwischen fünfundvierzig und siebzig Jahre alt, sie kommen wegen der Freude darüber, in altbekannte Gesichter zu blicken, wegen des Meeres, das sie an der Strandpromenade rauschen hören, der Livemusik, bestimmt auch, weil in den Songs, die gespielt werden, ein bisschen Gestern mitschwingt. Ein Hauch von Sentimentalität. Sie kommen wegen der Dinge, die schon immer da waren. Ein älterer Spanier mit dichten Locken und fliederfarbenem Cardigan spielt Gitarre, begleitet von einem hageren deutschen Pianisten. Man trinkt, sitzt, steht auf engem Raum, hört der Musik zu und unterhält sich. Die Bar wirkt wie ein Ort, an dem Menschen zueinanderfinden.

Meine Mutter kommt gern nach La Gomera, die Insel, die in den 1970er-Jahren zum Paradies für Aussteigende geworden ist – Kreative, aber auch Aktivreisende wie sie. Dieses Mal, ich bin Anfang zwanzig, bin ich spontan nachgekommen, irgendeinem Impuls folgend – und der Sehnsucht nach Wärme und Licht im grauen Herbst.

In diesen Urlaubstagen schwinge ich mit in ihrem Tempo, folge ihrem Rhythmus und ihren Plänen. Ich folge ihr in ein verschlafenes Dorf direkt am Strand, wo abends Musik gespielt wird, sonst aber nicht viel los ist. Ein paar kleine Läden mit handgefertigtem Schmuck, Mitbringsel mit Gecko, dem Wahrzeichen der Insel. Eine Handvoll Restaurants. Abends gehen wir aus.

Das auffordernde »Der Berg ruft!«, mit dem unser Vater meinen Bruder und mich früher im Urlaub weckte und für eine sechsstündige Gipfelerstürmung zu motivieren versuchte, klingt mir im Ohr, als meine Mutter an diesem Morgen in Sportkleidung neben meinem Bett steht. Ich muss schmunzeln, ziehe die Decke fester um mich und drehe mich schläfrig auf die Seite. Später trete ich raus auf die Veranda. Der Herbstwind ist kalt auf meiner Haut, ich gehe runter zum weitläufigen Strand mit schwarzem vulkanischem Gestein. Der Atlantik ist tiefblau und schlägt unruhige Wellen. In der Ferne glaube ich, sie zu erkennen. Bevor wir gemeinsam frühstücken, sammelt sie Kilometer, schwimmend oder mit dem Fahrrad durch das Tal mit seinen Terrassenfeldern, vorbei an schroffen Felsformationen, an üppiger Vegetation, Wacholder, Dickblattgewächsen und Kanarenpalmen.

Die Tage verstreichen, aber die Gelegenheit, mich zu öffnen, soll es nicht. An einem Dienstagabend sitze ich vor *Papas arrugadas*, kleinen, verschrumpelten Pellkartoffeln in Salzkruste und einer roten Soße so scharf, dass ich glaube, in Flammen aufzugehen. Vielleicht geht an diesem Abend alles in Flammen auf.

Wir stoßen an, und ich fühle mich fast, als säße ich hier mit einer Freundin. Sie sieht mich als vollwertige Gesprächspartnerin, ebenbürtig, als eine, von der sie vielleicht auch etwas lernen könnte. Die Distanz zwischen uns ist geringer als sonst, und mit der plötzlichen Nähe kommt es für mich infrage, Dinge auszusprechen, die sonst nicht Thema sind.

Gefühle, Liebe. Dinge, die durch Erziehung und Sozialisierung von natürlichen, innewohnenden Instinkten zu schambelasteten, klein getretenen Themen an großen Tafeln werden. Verschwiegen.

Mir fällt plötzlich auf, dass ich meine Mutter noch nie in einer Situation wie dieser erlebt habe. Ich habe sie in vielen engen, belebten Bars gesehen, aber noch nie in engen, belebten Bars als Frau, die nicht mehr verheiratet ist. Und in diesem Moment begreife ich zum ersten Mal, dass sie sich wieder verlieben könnte. Sich öffnen könnte, auch für Menschen, die ihr Leben umkrempeln und neue Erfahrungen machen, so ist sie ja selbst an diesem Punkt. Ein für immer geglaubtes Bild umzuwerfen und ein neues für sie zu finden, fühlt sich gut an. Ein bisschen wie ein Neuanfang.

Ich habe ihr von Liv erzählt.

KAPITEL VI

Sie

Wir standen auf einer weiten Wiese, als ich ihren großen goldblonden Dutt zum ersten Mal in der Menge sah. Die Sonne stand tief und sie zwischen Hunderten Menschen, deren Vorfreude auf einen entspannten Abend mit guter Musik deutlich spürbar war. »Wer ist sie? Sie da drüben mit dem blonden Dutt?« Ich schaute Ronja fragend an, die mich an diesem lauen Spätsommerabend zu einer Party am Grüngürtel begleitet hatte. Sie erwiderte mit einem Schulterzucken: »Weiß ich nicht.« Dann musste ich es wohl selbst herausfinden.

Nachdem ich einen Moment lang mit meinem Blick auf ihr verweilt hatte, entschied ich mich, zu ihr zu gehen. Ich bewegte mich durch die Menge und war plötzlich aufgeregt. Aber meine Schritte waren groß und entschlossen. Ich stellte mich zu ihrer Gruppe und dann vor. »Alexa.« Sie erwiderte mein Lächeln mit einem Hauch von Überraschung in den Augen. »Liv.« Mein Herz klopfte. Jetzt, so dicht bei ihr, bemerkte ich die unzähligen Sommersprossen, die ihre Nase und Wangen zierten. Sie passten perfekt zu ihren markanten Gesichtszügen und kleinen starken stahlblauen Augen, die auf mir lagen. Mit ihrem Lächeln bildeten sich kleine Falten um ihre Mundwinkel und ihre Augen. Sie hatte etwas Reifes an sich. Ich erwiderte ihr Lächeln, nicht sicher, was ich als Nächstes sagen würde. Ich war nervös. Die Aufregung fühlte sich gut an, als hätte sie darauf gewartet, gefühlt zu werden. Als wär sie ganz meine.

Jemand stieß mich mit dem Ellbogen an. Ich drehte mich um und sah Ronja, die mich angrinste. Sie schaute in die Runde, dann zu mir und zu Liv. »Hey, da seid ihr ja. Ich hab dich schon vermisst, Alexa. Willst du mit rüberkommen? Wir haben Pizza bestellt.« Sie nickte mit dem Kopf in Richtung einer kleinen Gruppe bekannter Gesichter, in Richtung meiner Freund:innen, die die Pizzakartons öffneten und auf den auf der Wiese ausgebreiteten Decken verteilten. Ich fühlte mich hin- und hergerissen. Einerseits war ich gekommen, um den Abend mit Ronja und den anderen zu verbringen, andererseits spürte ich, dass ich bei Liv bleiben wollte. »Geh schon mal vor, ich komm nach«, antwortete ich. Wie aus Versehen berührten sich unsere Arme, als ich mich zu Liv umdrehte. »Hast du Hunger?«

Mit Liv kam der Wunsch nach Nähe zu Frauen zum ersten Mal zum Vorschein, ohne unterdrückt zu werden. In den kommenden Wochen sahen wir uns regelmäßig, obwohl wir nicht in der gleichen Stadt wohnten. An meiner Lieblingsbar am Brüsseler Platz nahmen wir unsere Getränke mit, sie bestellte immer das Gleiche, einen Gin Basil Smash, sie kannte sich aus und legte Wert auf gute Getränke und gutes Essen. Ihr goldblondes Haar war wie bei unserem ersten Kennenlernen streng nach hinten gekämmt zu einem hohen Dutt, ihr Make-up dezent, ihre Kleidung unauffällig. Ich trug kurze schwarze Shorts und ein hochgeschlossenes schwarzes Oberteil mit tiefem Rückenausschnitt. Sah man uns, dort in der Abenddämmerung, so wirkten wir nicht wie zwei Menschen, die im Begriff waren, sich ineinander zu verlieben.

Wir liefen bis nachts durch die warmen Straßen und suchten uns Wege, die weniger belebt waren als die lauten, vollen Plätze, an denen Menschen in großen Gruppen mit Getränken auf dem Boden und auf Bänken saßen. Die Spannung war spürbar. Unsere Blicke trafen sich immer wieder. Wir sagten nichts, aber sahen uns an. Herausfordernd.

An einem kleinen Platz unter großen Bäumen blieb Liv plötzlich stehen. »Ich mag dich«, sagte sie, und ihr Blick schien zu fragen, ob ich dasselbe empfand. Ich verstand die Bedeutung der drei kleinen Worte. Wir mochten uns, nicht, wie sich gute Freundinnen mögen. Die Luft zwischen uns vibrierte. Ich konnte den schnellen Herzschlag in meiner Brust spüren, als ich ihre Hand nahm, sie auf meine Hüfte legte und sie sanft an mich zog. Unsere Lippen trafen sich. Ich schmeckte die Säure des Basil Smashs auf ihren Lippen und ihr Verlangen. Anstatt ihre Hand zu entfernen, legte sie auch die zweite auf meine Hüfte, fordernd. Alles um uns herum verschwamm. Ich spürte ihre Hände, die mich festhielten, als ob sie Angst hätte, dass ich mich wieder entfernen könnte. Ich hielt sie, sanft, aber bestimmt, und berührte sie, so wie ich es mochte, berührt zu werden.

Es traf mich so überwältigend und intensiv wie eine Welle, die mich kurz raten lässt, wo oben und unten ist. Das Gefühl, zum ersten Mal zu wissen, wie sich Verliebtsein anfühlte. Und Lust.

KAPITEL VII

Phase

Über die letzten zwei Jahre, in denen ich in Liv verliebt war, hatte ich häufig von ihr erzählt, lediglich ohne Pronomen. Ich sprach von ihr als »die Person« und, folglich, als »sie«. Meine Mutter ging automatisch von einem Mann aus. Ich ließ das »er« stehen und korrigierte sie nicht, wenn sie auf meine Erzählungen einging. Ein Missverständnis könnte man es nennen oder das Resultat vom Aufwachsen in einer Welt, in der die Beziehung zwischen Mann und Frau und männlich und weiblich als einzige Geschlechtsidentitäten die Norm sind. Durch diese Gespräche mit meiner Mutter wurde mir eines klar: Dass ich mich in eine Frau verliebt hatte, lag außerhalb ihres Kosmos, ihrer Vorstellungskraft so fern, dass sie selbst über die deutlichsten Hinweise hinwegging, ganz unbewusst.

In unseren Tagen in Spanien kam das Thema Dating so oft auf den Tisch, dass es sich unehrlich anfühlte, weiter zu schweigen. Wenn es schwarze Flecken gibt in der eigenen Biografie, Themen, die so groß sind, so wichtig für das, was dich ausmacht, für das, was du fühlst, dann kann kaum echte Nähe entstehen, wenn du es anderen vorenthältst.

Auch an diesem Abend kommen immer wieder Andeutungen. Der Pianist in der Bar, ist der nicht inspirierend? Ihr würdet ein tolles Paar abgeben, oder? »Ich glaube nicht«, antworte ich mit einem kleinen Schmunzeln. Die Vorstellung ist für mich kurios. Ich fühle mich frei und selbstbewusst an diesem Abend, das Spektakel aus einer irgendwie-mittendrin-aber-nicht-teilnehmenden Position beobachtend.

»Findest du hier irgendjemanden ansprechend? Wie wäre es denn mal mit Frauen?« Ich sehe meine Mutter halb herausfordernd, halb ernst an.

»Was? Ich? Nein!« Sie macht eine wegwischende Handbewegung vor ihrem Gesicht und lacht nervös. »Was sagst du denn da?«

Mein Herz schlägt mir bis zum Hals, als ich sie fest ansehe und die Worte ausspreche, die ich so lange zurückgehalten habe: »Ich frage nur, weil die Person, in die ich mich verliebt habe, die Person, von der ich dir die ganze Zeit erzählt habe, eine Frau ist.«

◇

Wenn ich an diesen Moment zurückdenke, dann fühle ich mich wieder genau wie damals. Weniger gefestigt als heute. Aber auch befreit. Meine Mutter war die Erste der Familie, der ich mich zu öffnen bereit fühlte. Es fiel mir leichter. Die offene Formulierung ebenso. *Ich habe mich in eine Frau verliebt.*

»Okay, als ich in deinem Alter war, hab ich das vielleicht auch mal gedacht. Aber ich war immer zu verklemmt.« Meine Mutter sieht mich an. Ich sehe sie an, überrascht und erleichtert. »Wirklich? Wie?«

Zur Erleichterung gesellte sich in den folgenden Wochen Ernüchterung. Passiert war, was oft passiert, wenn Frauen ihr Interesse an Frauen bekunden, sich outen: Ihre Liebe wird als Phase wahrgenommen. Zwei Jahre hatte ich Liv gedatet, Gefühle gefühlt, die ich bis dato nicht gekannt hatte, und

Besonders Bisexuelle trifft das Vorurteil:
Sie sind verwirrt. Bisexuelle Männer
werden häufig als schwule Männer angesehen,
die sich nicht outen, und bisexuelle Frauen
als eigentlich hetero, als »experimentierend«,
besonders wenn sie gerade eine
Heterobeziehung führen.

mich irgendwann getraut, sie zu benennen, anstatt sie weiter zu verkennen. Dieser Prozess steckt hinter vielen Coming-outs. Und hinter vielen Reaktionen der Glaubenssatz »Das ist nur eine Phase«. Ich war in dem Moment froh, dass meine Liebe, auch wenn sie vorerst als Experimentieren wahrgenommen wurde, nicht negiert wurde. Es war ein erster Schritt.

Aus heutiger Sicht, sechs Jahre nach diesem leisen Geständnis zwischen lauten Menschen, denke ich: Interessant, dass die Grundannahme ist, dass frau doch immer zur Heterosexualität zurückkehrt. Nicht dass die Heterosexualität selbst das Experiment ist. Das Experiment, in das wir hineingeboren werden. Für mich war sie rückblickend die verwirrteste und die einzige Phase.

Besonders Bisexuelle trifft das Vorurteil: Sie sind verwirrt. Bisexuelle Männer werden häufig als schwule Männer angesehen, die sich nicht outen, und bisexuelle Frauen als eigentlich hetero, als »experimentierend«, besonders wenn sie gerade eine Heterobeziehung führen.[4]

Wir treten aus der lauten stickigen Bar in die stille Dunkelheit. Ich höre, wie der Schotter unter unseren Sohlen knirscht, den Wind, der die Blätter der Bäume durchschüttelt. Es gibt immer noch viele Worte, die nicht gesagt werden.

◇

Im Nachhinein begreife ich, dass sich die empfangende Seite der Bedeutung eines Gesprächs über Identität, eines Coming-outs, des Muts und der Zweifel, die ihm vorausgehen, oft nicht bewusst ist. Mit einem Coming-out offenbare ich mich, und das vor meiner Mutter verzeichne ich als eine gute Erfahrung. Es gab weniger gute, über die es mir schwerfällt zu schreiben. Meine Mutter hörte zu. Und die Frage, um die sich für sie alles drehte, war nie die nach dem Geschlecht oder der sexuellen Orientierung, sondern immer: »Bist du glücklich?«

Ich bewundere an ihr, dass sie sich stetig fortbewegt. Sie verharrt nicht. Erlaubt sich neue Perspektiven. Es ist noch gar nicht lange her, dass sie zu mir sagte, zwei Frauen, die gemeinsam Eltern werden, lägen außerhalb ihrer Realität. Als es in ihrem Kreis doch zur Lebensrealität wurde, nahm sie es nicht nur an, sondern stellte mir Fragen: Wie denkst du darüber? Wie über eine Samenspende oder eine

Adoption? Welchen Schwierigkeiten begegnen zwei Frauen auf dem Weg, Eltern zu werden?

Unsere Gespräche lassen sie über ihre eigenen Erfahrungen nachdenken. So sind wir doch nicht so weit voneinander entfernt in unserer Erfahrung als Heranwachsende in Rollen, in denen wir uns nicht zu Hause fühlten, obgleich es unterschiedliche waren. Sie hätte ihre Haare gern kurz getragen und maskulin gelesene Kleidung angezogen. Die Option, sich anders zu entwickeln oder zu orientieren, als es die Rollenbilder der 60er-Jahre, die noch aus den 50er-Jahren herüberschwappten, vorgaben, schien nicht existent. Wer weiß, wie sie aussehen würde, welche Lebensform sie wählen und was sie sich auszuprobieren trauen würde, wäre sie später aufgewachsen?

◇

»Es gibt im Leben nicht so viele Dinge, die keine Wirkung haben«, sagt meine Mutter immer. So ist es auch mit einem Coming-out: Outet sich jemand, führt das nicht selten dazu, dass sich das direkte Umfeld hinterfragt. Ein bisschen wie eine Kettenreaktion. Erlebt man diese Lebensrealität zum ersten Mal ganz unmittelbar bei Menschen, die einem wichtig sind, dann entsteht im Kopf die Möglichkeit, diesen Gedanken – und diese Realität – zuzulassen. Es lässt einen darüber nachdenken, ob es abseits des geebneten Weges auch andere Pfade gibt, die man beschreiten könnte. In vielen Personen, mit denen ich sprach, war ein verborgener Wunsch da. Ob der zum Vorschein kommt, liegt an unseren Gesprächen, an unserem Umfeld, an unserer Entwicklung als Gesellschaft und als Individuen. Und Wandel ist selten einfach. Es ist eine Herausforderung, die Personen, die wir waren, die wir sind und die wir sein wollen, in Einklang zu bringen. Es ist meist kein bequemer Weg.

Wenn ich mein Innerstes weniger gehört und ihm nicht nachgegangen wäre, dann wäre ich möglicherweise – nein, sicherlich – noch immer beim Versuch, hetero zu daten – und mich darin wohlzufühlen. Deswegen braucht es Mut und den Willen sich zu öffnen; für viele auch den Mut, gegen Angst anzugehen.

Den Mut brauchte ich jetzt. Ich wusste, dass mein Coming-out das Wertegerüst meines Vaters ins Wanken bringen würde; dass es für ihn eine Auseinandersetzung mit sich selbst und seinem Glauben bedeuten würde, so hielt er an einem Bild fest, das ich nicht würde erfüllen können. Ein Bild, das er nicht leicht loslassen würde.

KAPITEL VIII

Alte Werte

Ein Jahr war seit meinem Gespräch mit meiner Mutter vergangen, seit sechs Monaten wohnte ich für ein Auslandssemester in Barcelona. Es war Winter. Weihnachten näherte sich, und ich blieb in der Stadt. Mein Vater kam ein paar Tage vor meiner Mutter und meinem Bruder in Spanien an, um mich vor Weihnachten zu besuchen. An diesem lauen Dezemberabend trafen wir uns im gotischen Viertel, und er folgte mir durch ein Labyrinth enger mittelalterlicher Gassen in mein Lieblingsrestaurant.

Das, was zwischen meiner Liv und mir angefangen hatte, ohne je offen gelebt werden zu können, war kurz davor, zu Ende zu gehen. Ich war verliebt gewesen. Ich wollte ihm davon erzählen, offen und frei und lebhaft, so wie unsere Liebe hätte sein können, zu einem anderen Zeitpunkt. Er war mir immer nah gewesen, bis ich in ein Alter kam, in dem sich meine eigenständige Identität formte. Fortan brachte er eine Dringlichkeit mit, in all unsere Gespräche über meine Zukunft, wohin wir auch gingen. Dringlichkeit bezüglich einer Partnerfindung, die er als so wichtig empfand für mein Leben. Ich schämte mich für viele Dinge, Körperveränderungen und meine aknebehaftete Haut, aber nicht für mein fehlendes Interesse an traditionellem Dating. Ich selbst spürte diese Dringlichkeit nicht.

Jetzt spürte ich eine andere Dringlichkeit. Dringlichkeit, zu mir zu stehen, Angst davor, mich verletzlich zu zeigen, und die leise Gewissheit, seine Erwartungen zu enttäuschen. Wir saßen in der hinteren Ecke des Restaurants, zwischen uns eine hohe weiße Kerze inmitten lauter Stimmen und fröhlichem Gelächter, in einer Stadt, die nachts lebte. Es war spät und die Tapas reichlich. Ich dachte nach und hörte zu.

In Gedanken bei dem, was ich ihm sagen, was uns von dem Moment an verbinden oder voneinander entfernen würde. Er tunkte einen kleinen Löffel in die Crema Catalana, während ich überlegte, welche großen Veränderungen ein kleiner Satz mit sich bringen würde. Es war das längste Abendessen der Welt. Ich traute mich.

»Ich habe mich in eine Frau verliebt.«

Er sagte nichts. Die Rechnung kam, dann der Heimweg vom gotischen Viertel hoch nach Gràcia. Meine Gedanken hatten schwere Beine.

»Und, hast du schon irgendwelche Männer kennengelernt in Barcelona?«

Gerechnet hatte ich mit vielen möglichen Reaktionen, nicht mit dieser. Er hatte mein Coming-out einfach überhört, so wie ich die Klingel überhöre, wenn ich weiß, es kommen Pakete für die Nachbar:innen, oder ich mich in beruhigender Sicherheit der eigenen vier Wände wiegen will. Wenn ich Gespräche meiden, mich vor der Außenwelt verstecken will oder aus der Dusche steigen und hinter einem Handtuch verstecken muss, aber lieber wie das Shampoo über den Abfluss verschwinden würde. Es gibt viele Momente, in denen ich nicht die Tür aufmache. In denen ich mich einer möglichen Konversation verschließe, und so tat es auch mein Vater. Mein Paket konnte nicht zugestellt werden.

Er machte sich nicht auf die Suche, sondern verleugnete den Zustellungsversuch. Ich wollte nicht aufgeben.

◇

Ich saß am runden cremefarbenen Tisch, an dem wir vor zwei Stunden gegessen hatten, mein Vater stand hinter mir, umfasste die Lehne meines Stuhls. Es war ein einfacher Stuhl in einem einfachen, aber geräumigen Apartment im Norden Barcelonas, ausgestattet mit einer kleinen Küche, in der sich grüne Kiwis und gesalzene Marcona-Mandeln stapelten und Knoblauch, den ich im Ofen unter Alufolie legte, das Innere aus der Haut kratzte und es mit den Fingern aß, statt es als Aromageber weiterzuverarbeiten. Am Ende des an die Küche anschließenden langen Flurs befanden sich zwei kleine Schlafzimmer, die sich eine Woche später mit meinen Freundinnen füllen würden, die mich anlässlich meines Geburtstages besuchten. Bei Sonnenuntergang stand ich meist an den großen Fenstern und blickte auf den Tibidabo, der Barcelona vor dem Wetter des Hinterlandes abschirmte. Ganz oben auf dem Gipfel befand sich ein Riesenrad und mit ihm ein

Blick über die Stadt. Einer meiner Lieblingsplätze. Ein beruhigender Ort.

Meine Beine wippten nervös hin und her. Meine Augen blickten auch jetzt gen Tibidabo, doch sahen nur ein paar Lichter in der dunklen Nacht, die auf Leben hindeuteten. Es war still und spät. Heiligabend in Barcelona. Ich wünschte mir eine Rückendeckung wie die, die der Berg der Stadt gab. Rückendeckung vor Zurückweisung, vor schwierigen Gedanken und vor der Verletzung meiner Identität.

»Du musst das jetzt akzeptieren, du musst mich akzeptieren.« Ich hatte meine Beine an mich gezogen und spürte das Hämmern meines Herzens im ganzen Körper. Ich stellte mir vor, wie er die Hände auf meine Schultern legte und sagte: »Du hast meinen Segen.« Unmissverständlich. Akzeptanz war wichtig. Annahme. Etwas, das sich viele von ihrer Familie wünschten und nicht alle bekamen. Ich würde meine Kinder annehmen und ihre Identität als ein Geschenk, beschloss ich in dem Moment. Die Stille wog schwer. Ich starrte nach draußen und wartete auf seine Antwort.

◇

Es dauerte vier Jahre, bis es so weit war. Tief sitzende Glaubenssätze lassen sich weniger leicht abschütteln, als man meint. Es gibt jedoch genügend Möglichkeiten, um das zu ändern. Ganz vorn dabei: das eigene Umfeld zu verändern. Fragen zu stellen. Sich nicht zu verschließen. Sich mehr queeren Realitäten zu exponieren, wenn nicht direkt, dann über Filme, Literatur, Radio. Gerade deswegen ist es unabdinglich, auch medial mehr queere Personen in Positionen zu haben, von denen aus sie von ihren Erfahrungen, ihrer Lebensrealität berichten, lehren, aufklären.

»Stell dir vor, du und Mama, ihr hättet nicht geheiratet, ihr hättet immer eine eingetragene Lebenspartnerschaft gehabt. Du hättest kein Sorgerecht – auch wenn du dich aktiv dafür entschieden hast, Kinder zu bekommen. Du müsstest dafür kämpfen, dass deine Eltern deine Beziehung überhaupt als Beziehung sehen. Immer wieder hätten Menschen über deine Entscheidung geurteilt, eine Frau zu lieben, und es – bewusst oder unterbewusst – als Entscheidung betitelt. Du hättest dich für diesen Weg entschieden. Also hättest du auch mit den Konsequenzen umgehen müssen.«

Ich spiegelte ihm die Realität. Diskriminierung zieht sich wie ein roter Faden durch viele Lebensbereiche, wenn du nicht der Norm entsprichst. Mittlerweile gibt es die *Ehe für alle*, aber eine Reform des Abstammungsgesetzes bleibt bis heute aus. Wenn ein Kind zwei Mütter hat, hat es rechtlich nur einen Elternteil – selbst wenn der Samenspender über eine Samenbank gespendet hat und nichts mit dem Kind zu tun hat. Das Kind hat dann nur einen sorgeberechtigten Elternteil. Der andere Elternteil, die zweite Mutter, muss adoptieren. Das ist sehr langwierig und belastend und geht mit intimsten Fragen nach der Erziehungsfähigkeit einher.[5] Auch im aktuellen System der Krankenkassen sind queere Paare und Familien nicht vorgesehen – der erfüllte Kinderwunsch bleibt wohlhabenden Paaren vorbehalten, die Kosten für Kinderwunschbehandlungen selbst tragen können.

Mein Coming-out war vieles, aber kein Identitätsproblem. Es war eine Befreiung von einer einfältigen Sichtweise unserer Identität. Es brauchte Mut und Kraft und ein Ja zu mir selbst. Es sollte selbstverständlich sein, es fühlte sich für mich so an, aber war es nicht in jedem Kontext und Gefüge.

Der Groschen fiel, als ich ihm eine Frau an meiner Seite vorstellte, als er ein Gesicht zu meinen

Gefühlen vor sich sah. Ich beschloss, mich bedingungslos zu öffnen, um ihm die Chance zu geben, sich auch mir zu öffnen. Es waren nicht viele Worte. Sie kamen etwas holprig über seine Lippen. Aber sie bedeuteten die Welt.

»Es ist okay für mich.«

KAPITEL IX

Melaten

Meine Mutter sagte mir am Telefon, ich solle an der Bronzestatue, die eine Karnevalsuniform trage, links abbiegen. Wir schoben unsere Fahrräder durch das monumentale Tor auf den Melaten-Friedhof, den ältesten und größten Friedhof Kölns. Das Geräusch der vorbeifahrenden Autos auf den glühenden Straßen wich dem Knirschen des Kieses unter den Rädern. Die alten Platanen brachten Schutz vor der Hitze an diesem schwülen Julitag. Ich erinnerte mich, wie ich als Kind mit meinem Fahrrad oft am Friedhof vorbeigefahren war und wie ich als Jugendliche nachts nach der Tanzschule die gegenüberliegende Bahn nach Hause genommen hatte. Eine Grabstätte unter 55 000 weiteren auf 435 000 Quadratmetern zu finden, war jedes Mal aufs Neue eine Herausforderung, also trennten wir uns, um sie schneller zu entdecken. »Ich hab's«, hörte ich sie rufen. Ich stellte mein Fahrrad ab und ging zu ihr rüber. Sie stand vor dem schlichten Grabstein meiner Großeltern, der durch eine Welle in zwei Teile geteilt war. Fünf Jahre waren vergangen seit der Beerdigung und sieben seit den ersten Anzeichen ihrer Demenz. Wir setzten uns ins Gras und pflückten das sich nähernde Unkraut aus der Umrandung des Steins, entfernten die heruntergefallenen Blüten und kleinen Zweige. Ich legte meine Hand auf den warmen Stein.

»Oma, Opa, das ist meine Freundin.« Sie grinste. »Hallo, ich bin Wilhelmine.«

KAPITEL X

Warum noch outen?

Es wird oft von *dem* Coming-out gesprochen, dem einen. Dabei werden die Begriffe »Coming-out« und »Outing« häufig verwechselt oder synonym verwendet. Das Coming-out unterscheidet sich jedoch vom Outing, das durch Fremde geschieht: Es ist selbst gewählt. Tatsächlich hat aber fast jede queere Person viele davon in ihrem Leben, immer wieder. Leise und laute. Unangenehme und schöne. Im Alltag, vor nahestehenden Personen, aber auch vor neuen, teilweise gewollt, teilweise ungewollt. Oft wird die Frage gestellt: Müssen wir uns heutzutage noch outen? Die Antwort lautet: Ja. In einer Welt, wie ich sie mir in der Zukunft wünsche, ist das nicht mehr nötig, aber jetzt, im Jahr 2023, ist

*Solange es immer noch Menschen gibt,
die sich nicht trauen, ihr wahres Ich zu zeigen und
zu leben, solange ist jedes weitere
Coming-out relevant – und kein einziges zu viel.*

es das. Um unsere Existenzen sichtbar zu machen. Normal. Sichtbarkeit schafft Normalität, und Normalität schafft es, Diskriminierungserfahrungen zu reduzieren.

Solange Homosexualität weltweit in zwölf Ländern unter Todesstrafe steht, solange »schwul« als Beleidigung gilt, solange trans Personen nicht über ihren eigenen Körper entscheiden dürfen und Kinder zweier Mütter nicht die gleichen Rechte haben wie Kinder eines Vaters und einer Mutter; solange lesbische Paare gefragt werden: »Wer von euch ist der Mann?« und solange sie sexualisiert und fetischisiert werden, solange queere Menschen jeden Tag Gewalt erfahren, solange Menschen aufgrund ihrer Sexualität verfolgt und bestraft werden, und solange Menschen Angst haben, von ihren Familien nicht akzeptiert zu werden, und aufgrund von Ausgrenzung und Gewalt eine deutlich höhere Wahrscheinlichkeit haben, Depressionen und andere psychische Erkrankungen zu erfahren. Solange es immer noch Menschen gibt, die sich nicht trauen, ihr wahres Ich zu zeigen und zu leben, solange ist jedes weitere Coming-out relevant – und kein einziges zu viel.

◇

Es ist Selbsterkenntnis. Selbstbekräftigung. Sich zeigen. Ein Ankommen in der eigenen Identität nach einem inneren Prozess.

Bestenfalls eine positive Erfahrung: So wie ich bin, werde ich auch akzeptiert – von meinem engsten Kreis, meiner Bluts- oder gewählten Familie, von der Gesellschaft.

Viele Erfahrungen sind aber auch schmerzhaft. Allein dadurch, dass Menschen, die überwiegend heteronormativ geprägt sind, automatisch davon ausgehen, dass andere Menschen ebenso normativ sind wie sie selbst. Es kann Überwindung kosten, vor anderen vom Intimsten zu sprechen. Es gehört zu unserer Lebensrealität, uns immer wieder und in verschiedensten Kontexten zu öffnen. Für mich bedeutete es auch: mich kennenzulernen, verwundert zu sein, wie lange das gedauert hat, und zu merken, dass ich nicht allein bin. Es war vor allem aber eins: befreiend.

◇

Auch wenn das erste Coming-out vor meiner Mutter für mich die größte Bedeutung hatte, so gab es auch in den Folgejahren Gespräche, in denen ich bekräftigte, dass meine Anziehung zu Frauen nicht bloß eine flüchtige Phase war.

KAPITEL XI

Labels

I don't love women
the way men love women.
I don't want to tame them.
I don't want to own them.
I don't want to treat them
like a trophy in a case.

I just want to be close to them.

It's still hunger,
but a different kind of hunger.

– I almost didn't recognize it at first.[6]

◇

Ein Label zu finden, fiel mir schwerer als eine Wohnung auf dem Kölner Wohnungsmarkt. Ich wurde hinterfragt und gefragt und war mir selbst nicht immer sicher. War ich pansexuell? Es schien mir leichter. Ich war queer, und ich fühle mich bis heute queer, aber mittlerweile weiß ich, dass ich lesbisch bin. Ich war nicht pansexuell, sondern meine vermeintliche Liebe zu allen Geschlechtern war meine Brücke zur Identifikation als lesbisch. Ich verliebe mich in die Person, ja, aber die Personen sind Frauen.

Mittlerweile fühle ich mich mit dem Label »Lesbe« wohl, aber das war nicht immer so. Wie mit allem, wogegen ich eine Abneigung empfand, versuchte ich, dahinter zu blicken. Der Begriff war – und ist bis heute – negativ konnotiert, mit Vorurteilen behaftet. Mit einem stereotypischen Bild der Butch-Lesbe, die mit Eigenschaften in Verbindung gebracht wird, die in unserer Gesellschaft vor allem Männern zugeschrieben werden. Manchmal mit Radikalität, andere Male auch mit Misandrie – Männerhass. Aber das können wir ändern.

Ich bin eine Lesbe, und ich bin stolz. Das ist ja schließlich auch »Pride«: nicht nur auf die Teile meiner selbst stolz zu sein, die sowieso akzeptiert werden, sondern auch auf die anderen. Ich bin lesbisch, ich bin gay, ich bin queer. Ich bin stolz auf alle Frauen, die sich finden, ich bin stolz auf alle Männer, die sich finden, ich bin stolz auf alle trans Personen, auf alle Menschen, die sich finden, fernab von vorgefertigten Rollen und auch innerhalb dieser.

Queerness hingegen beinhaltet eine politische Einstellung, ein Bewusstsein. Früher wurde der englische Begriff *queer* im Sinne von »sonderbar, eigenartig, suspekt« verwendet, um Homosexuelle abzuwerten. In den 90ern wurde er dann ins Positive umgewertet und als Selbstbezeichnung gebraucht. Wir benutzen ihn heute verständlich und auch stolz, obwohl und weil das vor einigen Jahren noch nicht der Fall war. Labels haben geschichtliche Hintergründe. Menschen aus der Szene, die älter sind, benutzen teils Begriffe, die für uns völlig falsch wirken. Unsere Generation sagt dann: »Das sagt man jetzt aber nicht mehr so!« Und sie denken sich: »Hör mal, ich bin seit vierzig Jahren queer, und jetzt willst du mir sagen, welchen Begriff ich benutzen darf oder nicht, weil ihr beschlossen habt, dass das nicht mehr politisch korrekt ist?«

Auch innerhalb der Community muss immer wieder Verständnis füreinander aufgebracht und

Sexualität kann fluide sein.
Sie kann sich entwickeln und verändern.
Jede Person darf ihre Labels für sich definieren.
Jede Frau darf sich als bi labeln, auch
wenn sie nie Erfahrungen mit Frauen
gemacht hat. Labels dürfen sich
im Laufe des Lebens ändern.

versucht werden, Bezeichnungen zu finden, die niemanden diskriminieren und verletzen. Aber wir müssen auch verstehen, dass die Begriffe, an denen wir uns jetzt womöglich stören, bedeutsam für eine andere Generation sind, weil sie sich damit identifiziert und verbunden gefühlt hat. So gibt es trans Personen, die sich selbst noch als transsexuell bezeichnen. Ich sprach mit einer dreißig Jahre älteren Person, die sagte: »Als ich mich geoutet habe, war transsexuell der Begriff, mit dem ich mich gefunden habe, und ich möchte den jetzt nicht ändern, weil es auch eine Errungenschaft für mich war. Ich war damals jemand, der sich hingestellt hat und gesagt hat: ›Ich bin transsexuell!‹, ich übernehme jetzt keinen neuen Begriff, weil ihr bemerkt habt, dass der andere besser ist. Es ist das Label, das ich mir gebe und mit dem ich mich entwickelt habe.«

Mit welchem Wort fühle ich mich selbst wohl? Das ist wichtig. So bin ich. Und von diesem festen Standpunkt aus kann ich auch auf Diskriminierung reagieren. Aus einer Ich-weiß-selbst-nicht-wer-ich-bin-Position kann ich mich nur schwer wehren.

Sexualität kann fluide sein. Sie kann sich entwickeln und verändern. Jede Person darf ihre Labels für sich definieren. Jede Frau darf sich als bi labeln, auch wenn sie nie Erfahrungen mit Frauen gemacht hat. Labels dürfen sich im Laufe des Lebens ändern. Was, wenn wir uns irren? Ja, dann irren wir uns halt. Dann sind wir bereit, uns weiterzuentwickeln, nicht stecken zu bleiben in vorgeformten Idealen.

◇

Vielleicht wäre mein Prozess des Mich-Findens schneller vorangeschritten, hätte es Repräsentationsfiguren gegeben, queere Menschen in meinem Umfeld. Sie hätten wahrscheinlich nicht viel tun müssen, außer offen ihre Liebe zu leben. So simpel und wunderschön kann Liebe sein. Sie kann neue Lebensrealitäten eröffnen.

Irgendwann fing ich deshalb an, Queersein wie selbstverständlich und klar in Gespräche mit allen möglichen Menschen zu bringen. Transsein und -feindlichkeit, Nichtbinarität, die feinen Nuancen von Bifeindlichkeit. Die Repräsentation, die ich mir gewünscht hatte, fand sich jetzt in meinem engsten Kreis wieder. Immer da gewesene Realitäten. Trotz der traditionellen binären Sichtweise, die nur zwei Kategorien annimmt: männlich und weiblich.

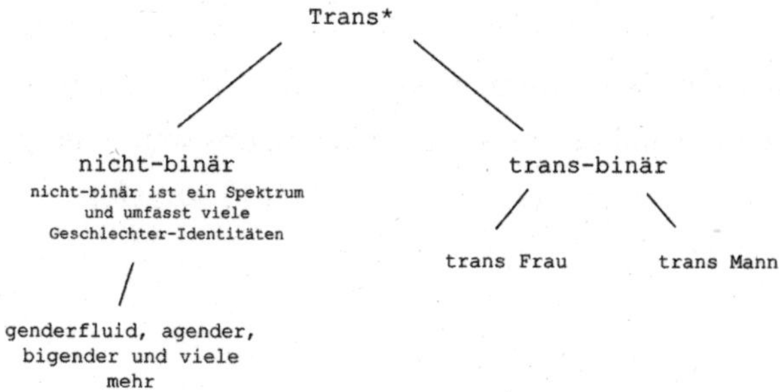

Ich saß mit meiner Mutter im *Il Bagutta* in Köln und sprach mit ihr über die Realität eines Freundes, der trans ist und dessen Erfahrungen mit Übergriffen keine Seltenheit darstellen, selbst in Berlin. Queerfeindliche Übergriffe erreichten im Dezember 2022 einen neuen Höchststand, die Hälfte aller trans Personen hat 2022 (antiqueere) Gewalt erlebt.[7] In Deutschland werden täglich drei bis vier queere Menschen angegriffen – angegriffen heißt beleidigt, bespuckt bis hin zu körperlichen Angriffen. Weltweit wurden letztes Jahr 350 trans, nichtbinäre und gendernonkonforme Personen ermordet.[8] Die Dunkelziffer dürfte noch deutlich höher liegen.

Seltener noch wird darüber gesprochen, wie es sich anfühlen kann, Queerfeindlichkeit, im Großen wie im Kleinen, zu erfahren. Es bricht mit elementarer Gewalt herein: dieses Gefühl von Scham und

Schuld, das mit Übergriffen einhergeht und zu ihnen gehört wie Nähe zu Liebe.

Ich erinnere mich an die Worte Maya Angelous: »*Words are things. You must be careful, careful about calling people out their names, using racial pejoratives and sexual pejoratives and all that ignorance. Don't do that. Someday we'll be able to measure the power of words. I think they are things. They get on the walls. They get in your wallpaper. They get in your rugs, in your upholstery, and your clothes, and finally in to you.*«[9]

Worte sind Dinge. Sie haben die Macht, unsere Realität zu verändern. Sie können heilen oder verletzen. Zum Beispiel, wenn wir Personen ohne ihre Zustimmung outen. Eine Freundin von mir war Fußballerin und vor 15 Jahren vor ihrer Mannschaft noch nicht geoutet. Als sie eines Abends zum Fußballtraining kam wie jede Woche, trat sie in die Umkleidekabine und sah in drei von Ekel gezeichnete Gesichter. Eine der drei Mitspielerinnen sagte: »Ich hab gehört, du bist lesbisch. Entweder ziehst du dich in einer anderen Umkleide um oder wir.« Sie wolle sie sich nicht mit einer Lesbe teilen. Daraufhin verließ sie den Raum, und die anderen beiden schlossen sich ihr an. Rückblickend erinnert sich meine Freundin, dass an dem Punkt ihre Unsicherheiten bezüglich ihres Körpers anfingen. Bis heute hat sie ein Schamgefühl bei jedem Umziehen. Das ist, was passieren kann, wenn man andere outet.

Ich wünsche mir, dass es zur Selbstverständlichkeit wird, Grenzen zu wahren. Zu erfragen, was eine Person preisgeben möchte oder nicht, bevor man sie vor anderen outet. Auch bezogen auf ihre Geschlechtsidentität. Nicht jede trans Person möchte als solche betitelt werden; eine Frau ist eine Frau, ein Mann ein Mann, eine nichtbinäre Person eine nichtbinäre Person. Ich wünsche mir, dass es zur Selbstverständlichkeit wird, nach Pronomen zu fragen. Von jeder gesellschaftlichen Gruppe, zu der wir nicht gehören, können wir lernen – und, worauf wir im Umgang achten.

KAPITEL XII

Safe(r) Spaces

Luft war schon früh ein bedeutsames Element für mich. Luft zu atmen, zu haben, Luft und Raum, um mich zu entfalten. Wenn wir nach Südfrankreich fuhren, auf jenen langen Reisen, war es im Auto stickig und warm. Ich saß hinten, drehte an der Fensterkurbel, und die Scheibe bewegte sich bis zur Hälfte nach unten. Stopp. Am liebsten hätte ich meinen Kopf ein Stück weit aus dem Fenster gehalten, nein, komplett, um den Fahrtwind zu spüren. Mein Kopf war raus und schaltete die Umgebung aus. Nur der Wind in meinem Gesicht und ich, keine Meinungen von außen.

Während ich diese Zeilen schreibe, sitze ich auf meinem Lieblingsplatz, am offenen Fenster meines Schlafzimmers auf einer Garderobenbank, es ist Spätherbst, dreiundzwanzig Uhr. Ich spüre den kalten Berliner Wind auf meiner nackten Haut und atme ganz bewusst ein. Aus. Ich höre gedämpfte Sätze einer britischen Männergruppe, die vor der gegenüberliegenden Bar versammelt ist. Habe kaum Angst, dass sie mich entdecken. Mir ist kalt, und ich mag es. Ich mag es, alles intensiv zu spüren, auch die Kälte. Mein Kopf kühlt ab, und damit geht auch der drückende Kopfschmerz zurück. Luft. Sie umgibt mich wie ein schützender Kokon. Eine Zuflucht, mit der ich mich in unsicheren Momenten verbinden kann, auch in solchen, in denen ich Raum für mich brauche, um nachzudenken, um Gefühle einzuordnen.

Wohlbefinden, Gleichgewicht und Sicherheit sind eng miteinander verknüpft. Wenn wir uns unsicher fühlen, wenn wir die Kontrolle zu verlieren scheinen, uns die Unruhe nicht zur Ruhe kommen lässt, wenn wir das Gefühl haben, verloren zu sein, dann brauchen wir ihn, einen sicheren Ort, der uns Halt gibt – und der uns hilft, ihn in uns selbst zu entdecken. So einen Ort in unserem Inneren zu finden, bedeutet, sich eine Pause zu nehmen von der Welt.

Safer Spaces. Wie fühlen die sich an? »Verstanden« ist wohl das erste Gefühl, das mir in den Sinn kommt. Ich sitze hinten im alten VW Golf auf der löchrigen Rückbank und lehne mich nach vorne. Lui, mein guter Freund, fährt uns durch den Berliner Sonnenuntergang, den wir nur durch die Reflexionen in den Fensterscheiben der hohen Häuser wahrnehmen. Er erzählt von seiner nächsten Reise. Vom Übernachten inmitten unberührter portugiesischer Natur umgeben von Surfspots. Davon, zu seinen Wurzeln zu finden und in und mit der Natur zu leben. Von der Arbeit an der eigenen Person und am eigenen Atem.

Ich bekomme Luft in der Bewegung, bekomme Luft mit diesem Menschen und mit seinen Erzählungen, und in diesem Moment wird mir bewusst: Es gibt sie. Es gibt Menschen, bei denen ich so sein kann, wie ich bin.

Denn Safer Spaces können in uns sein genau wie im Außen, ein Mensch, viele Menschen, ein physischer Raum. Ein Gefühl von Zuhause. Für jede:n können sie etwas anderes bedeuten. In seinem Ursprung meint der Begriff jedoch einen Schutzraum für marginalisierte Menschen. Geschichtlich lässt sich die Entstehung in den 1960er-Jahren verorten, als die queere Szene in den USA Räume entstehen ließ, an denen sie zusammenkommen und sich austauschen konnten.

Es war aber auch ein Ort, an dem die Menschen praktischen Widerstand gegen politische und soziale Repressionen erleben konnten. Auch die Frauenbewegung schuf Räume, zu denen Männer keinen Zutritt hatten, was Frauen einen ungestörten Austausch über ihre Erfahrungen, ihre Wünsche und Ziele ermöglichte. Es waren nicht zwangsläufig physische Räume, sondern oft Bereiche, die durch das Zusammenkommen von Frauen auf der Suche nach Gemeinschaft entstanden. Sie sind Safer Spaces, *sicherer*, weil sie nie zu einhundert Prozent sicher sein können. Erst Ende 2022 wurden im *Club Q*, einem LGBTQIA*-Club in Colorado, fünf Menschen erschossen und mindestens fünfundzwanzig verletzt. Am 19. Mai 2021 erschoss ein Mann in einer Schwulenbar in Mexiko drei Menschen und verletzte mehrere andere. Am 12. Juni 2016 wurden in einem schwulen Nachtclub in Florida 49 Menschen getötet und 53 verletzt. Das sind nur einige Beispiele antiqueerer Gewalt, die wir nicht vergessen.

Wir müssen Safer Spaces beschützen. Sie entstehen lassen. Es gibt sie auf Festivals, Konzerten, in Lehrräumen. Mal ist es ein Zimmer mit Sofas, in das man sich zurückziehen kann. Mal ein Raum in einer Uni, in dem Studierende über Strategien reden können, um mit Diskriminierung umzugehen. Frauenhäuser, Jugendhäuser, Black Churches, Moscheen oder Synagogen – all das sind organisch entstandene Safer Spaces, ohne dass sie Regeln aufsetzen oder erklären müssten, dass sie es sind. Sie sind nicht als Versteck zu verstehen, sondern als Versuch einer Pause.

Vor Diskriminierung können wir unsere Augen nicht verschließen. Sie entstammt einem Machtsystem, in dem wir uns alle befinden. Genauso wie es aber Momente gibt, in denen wir in den Dialog treten, muss es Momente geben, in denen wir vor Verletzungen und alltäglichen Zuschreibungen geschützt sind. Keine Diskussion führen, keine Aufklärungsarbeit leisten. Das machen viele marginalisierte Gruppen täglich.

»Mit zwei Müttern kann man das Kind direkt zum Psychologen schicken«, sagte ein Bekannter der Familie mal selbstsicher in die Runde, als wir abends zusammensaßen. Der Beginn – nein, die Fortsetzung – einer Diskussion, von der ich später als energische Diskussionspartnerin herausgehen sollte. »Ist es deine Aufgabe, lesbische Paare zu verteidigen? Weil du ziemlich hysterisch wirkst.«

»I tried to be a joyful feminist, but I was very angry«,

Es gibt Menschen, die mich freier fühlen,
werden lassen, die ein grenzenloses Verständnis
für meine Grenzen haben und
verständliche Grenzen setzen. Ich glaube,
viele von uns kennen diese Menschen
und haben ein Gesicht vor Augen.
Und auch wenn das nicht der Fall ist,
dann gibt es viele andere Möglichkeiten,
genau diese Geborgenheit zu spüren,
diese drei Worte zu fühlen:
Alles ist gut.

kommt mir in den Kopf, wenn ich an diesen Abend zurückdenke. Agnès Varda, wie sie in die Kamera schaut.[10] Entschlossen, ein leichtes Grinsen. Fühle ich. Diskussionen können helfen. »Ganz so hab ich das nicht gemeint. Wenn zwei Frauen einen Jungen bekommen, kann man ihn zum Psychologen schicken«, revidierte er. Manchmal sind sie aber auch kräftezehrend.

Es war nicht das erste Mal, dass ich queerfeindliche Äußerungen hörte, die unter dem Deckmantel liefen, Kinder zu »beschützen«. Dieser »Schutz« sorgt dafür, dass Kinder aus queeren Familien oder Kinder, die selbst merken, eventuell queer zu sein, die traumatisierenden Erfahrungen der Generationen davor wiederholen. Das, was beschützt wird, sind veraltete Strukturen, von denen nur ein bestimmter Teil der Gesellschaft profitiert, während weniger repräsentierte Menschengruppen weiterhin an den Rand gedrückt werden.

Dabei zeigen Studien, dass Kinder, die bei gleichgeschlechtlichen Eltern aufwachsen, sich in ihrer Entwicklung in der Regel nicht von Kindern unterscheiden, die bei heterosexuellen Eltern aufwachsen. Sie haben ähnliche soziale, emotionale und kognitive Fähigkeiten und sind genauso glücklich und gesund.

Eine Studie aus dem Jahr 2010, die von der American Psychological Association veröffentlicht wurde, kommt zu dem Schluss, dass Kinder, die bei gleichgeschlechtlichen Eltern aufwachsen, ein ähnlich hohes Maß an psychologischem Wohlbefinden und sozialer Kompetenz aufweisen wie Kinder, die bei heterosexuellen Eltern aufwachsen.[11]

Es gibt sogar Studien, die darauf hindeuten, dass Kinder in gleichgeschlechtlichen Familien möglicherweise ein höheres Maß an Toleranz und Offenheit für verschiedene Lebensweisen und Kulturen entwickeln.

◇

Für mich sind selbst Menschen geschützte Orte. Schambefreite Orte. Unbeschwerte Orte. Es gibt Menschen, die mich freier fühlen, werden lassen, die ein grenzenloses Verständnis für meine Grenzen haben und verständliche Grenzen setzen. Ich glaube, viele von uns kennen diese Menschen und haben ein Gesicht vor Augen. Und auch wenn das nicht der Fall ist, dann gibt es viele andere Möglichkeiten, genau diese Geborgenheit zu spüren, diese drei Worte zu fühlen: *Alles ist gut.*

Für mich können Safer Spaces überall dort sein, wo ich mich zurückziehen kann, wo ich Raum habe, nachzudenken, zum Schreiben und Fühlen, zum Tanzen und Fühlen, zum In-die-Luft-Starren und Nichts-Fühlen. Wenn es ein physischer Ort ist, dann immer einer, an dem ich allein bin. Ein Ort, an dem ich meinen Instinkten und Gedanken folgen kann. Entweder laut oder leise, in Bewegung oder in Stillstand. Ich drehe mich zweimal mehr, von links nach rechts und vorne nach hinten, hinten nach vorne und rechts nach links, Augen geschlossen, und mein Geist beruhigt sich, und ich beginne, mich frei zu fühlen, nur die Musik und ich. Zehn Minuten, und ich merke, wie ich loslasse. Es geht nicht darum, wie ich aussehe, oder um perfekte Bewegungen, sondern darum, meine Aufmerksamkeit auf mein Inneres zu lenken.

Empfindungen und Gefühle wahrzunehmen, Gefühle in Bewegung umzusetzen. Dieser Moment mit mir ist mein Safer Space. Er definiert sich für mich genau dadurch, dass ich mich bewege, tue, wonach ich mich sehne. Mir selbst zu erlauben zu fühlen, was ich im Moment fühle, und das nach Außen zu tragen, und mich dafür nicht zu schämen – das scheint revolutionär.

Und wenn ich nicht benennen kann, was ich

gerade fühle, dann schreibe ich. Um herauszufinden, was gerade los ist. Wie geht es mir wirklich? *Ich weiß es selbst noch nicht, ich hatte noch keine Zeit zu schreiben.* Meist muss ich erst einmal ein paar Seiten füllen, um mir über Dinge klar zu werden. Es ist leichter, Gedanken für sich selbst niederzuschreiben, bevor sie ausgesprochen und für alle zur Wahrheit werden. Es ist leichter, Worte, Sätze, Gedankenfragmente loszulassen, indem ich sie auf Papier bringe. Ich kann sie streichen, verändern, überschreiben, bis sie den Kern treffen. Bis sie wahr sind. Es hilft mir, zu erkennen, ob sie aus einem Gefühl der Wut entstanden sind. Woher meine Trauer kommt. Wie Situationen, Gespräche, Begegnungen in mir nachwirken, was sie mit mir machen. Oft stelle ich dann fest: Das, was so einnehmend und groß schien, ist nur ein Deckmantelgefühl, als Erstes wahrgenommen, das andere Gefühle überlagert. Die eigentlichen Gefühle liegen darunter. Das, was im Verborgenen liegt, freizulegen, zum Wesentlichen vorzustoßen, das ist, was Schreiben ist.

Solche Routinen geben Halt, das beginne ich endlich zu verstehen. Menschen, die Traumata erlebt haben, schauen Serien oft immer und immer wieder. Weil sie wissen, was passiert. Die Charaktere sind vertraut und auch das Geschehen. Das gibt Ruhe. Bekanntes gibt Halt. Ungewissheit fördert Angst. Die Kunst, das habe ich gelernt, liegt darin, der Angst Einkehr zu gewähren. Sie zu begrüßen und dann auch wieder zu verabschieden.

KAPITEL XIII

Veränderung

Mein erster Christopher Street Day war einer als Ally. »*Allys*« sind Verbündete, die nicht einfach nur mitfeiern und ihre Offenheit gegenüber der LGBT-QIA*-Community signalisieren möchten, sondern sie auch aktiv unterstützen, beispielsweise für sie einstehen und Aufklärungsarbeit übernehmen, wenn die betroffenen Personen nicht anwesend sind. »Wollen wir da vorbeischauen?«, fragte ich eine Kommilitonin. Wenn ich zurückblicke, kommt es mir vor, als wollte ich ihr damit etwas über mich erzählen, etwas, wofür ich selbst noch keine Worte hatte.

Sie machte ein Foto mit der Polaroid-Kamera von mir, das lange neben anderen Momentaufnahmen an der hohen Flügeltür meines Schlafzimmers hing und mir meine eigene Entwicklung vor Augen führte. In einem langen himmelblauen Sommerkleid, mit einer Regenbogen-Flagge aus Papier in der Hand, die ich mir von irgendeinem Stand mitgenommen hatte, stehe ich verhalten vor einer bunten Traube feiernder Menschen. Halb lächelnd. Etwas abseits, aber doch Teil des Ganzen. Ein bisschen so, wie ich mich selbst wahrnahm.

Ganz zugehörig fühlte ich mich nicht. Ich hatte keine Erfahrungen mit Frauen gemacht, aber hatte Zweifel. Leise, im Verborgenen, ich sah nicht richtig hin, aber ich hatte sie. War das alles, was da war? Liefen so Beziehungen? Fühlte sich Verliebtsein so an? Das, was ich für Männer empfand, sortierte ich als normal ein. Das, was ich für Frauen empfand, konnte ich nicht einsortieren. Ich erkannte Verliebtheit nicht als solche. Ich erkannte ja nicht mal Crushes als solche. Das Konzept eines *»Girl Crushs«* – eines »Mädchenschwarms« – warf mich im Erkenntnisprozess um Jahre zurück. Ich hatte sie auf Ellen Pompeo, auf Gillian Anderson und auf andere Frauen, besonders Frauen in meinem realen Umfeld, aber sie waren ja nur Girl Crushes. Ein Konzept, das so viele von uns im Verborgenen hielt. Im *»closet«*. Dass es eigentliche Crushes waren, dass der Anblick von Lauras Auto mein Herz rasen ließ und ich meine Augen nicht von Liv abwenden konnte, als ich sie das erste Mal sah, weil es genauso valide Crushes waren, wie es die auf Männer hätten sein können, das sah ich nicht. Als wären diese Gedanken zu undenkbar, als dass sie einen Platz in meinem Kopf finden könnten. Zensiert, bevor sie zur inneren Wahrheit werden konnten.

Rückblickend ist es schon lustig, dass ich sehr davon überzeugt war, ein Ally zu sein. Es gab viele Quellen der Verwirrung, die ich beseitigte, bis ich Klarheit fand. Was ich damals nicht wusste: Hinterfragst du deine Sexualität, bist du wahrscheinlich queer.

Wenn wir jetzt beim CSD zusammenkommen, dann fühlt sich das nicht mehr fremd an, sondern wie Heimat. Als würde jemand ein Netz aufspannen, das verschiedenste Menschen miteinander verbindet. Die FLINTA-Szene ist immer noch kleiner als die Schwulenszene, die Partys oft mittelmäßig, genau wie die Location und die Musik, aber es ist voll, und alle sind da. Auch, weil es begrenzte Angebote gibt. Ich verstehe, wie lost man sich fühlen kann, wenn man anfängt, Frauen zu daten – und empfinde diese Orte als den besten ersten Schritt.

Wir werden freier,
in dem, was wir tragen
und was uns als Gesellschaft trägt.

Mangelnde Erfahrung führt manchmal zu einem Gefühl der Aussichtslosigkeit. Es scheint so, als gäbe es kaum einen Anlaufpunkt. Doch es gibt sie. Orte, die von Respekt und vom sich Freilassen gekennzeichnet sind. Man muss dort keinem Ideal entsprechen. Je mehr man das wahrnimmt, desto erreichbarer und normaler wird es in unserer Gesellschaft.

◇

Dazugehören. Ich beobachte oft, dass Frauen, die sich outen und in der Szene bewegen, sich optisch verändern. Ich glaube, das liegt weniger daran, dass eine Anpassung beginnt, und mehr daran, dass die Anpassung aufhört. Als Frauen werden wir von Kindheit an darauf konditioniert, uns nach dem Male Gaze zu richten – indem wir feminin gelesene Kleidung tragen, eng anliegend, Kleider oder Röcke. Langsam ändert sich das, es gibt Trends, die dem Male Gaze entgegenlaufen, ein Umschwung in den sozialen Medien ist bemerkbar. Wir werden freier, in dem, was wir tragen und was uns als Gesellschaft trägt.

Vor meinem Coming-out besaß ich kaum Hosen, trug Kleider und Röcke und meine blonden Haare lang. Sehr feminin gelesen. Das veränderte sich schleichend. Ich zog nach Berlin und probierte in einem Jahr alles außer Beständigkeit, trug die Haare kurz, dunkelblau und rosa. Violett, grün, rot, einmal die Ampel. Es war ein Unterschied spürbar, darin, wie andere mich wahrnahmen, in der Frequenz, in der ich angesprochen wurde – und »*Catcalling*« erfuhr. Ich lief mit meinen kurzen bunten Haaren durch Köln und Berlin und hatte das Gefühl, durch mein Äußeres geschützt zu sein. Denn es entsprach nicht mehr dem Male Gaze. Catcalling ist eine Manifestation des männlichen Blicks, eine Art und Weise, wie Männer ihre Dominanz und Kontrolle über Frauen in öffentlichen Räumen ausüben. Genau wie der Male Gaze basiert es auf der Idee, dass Frauen als sexuelle Objekte betrachtet werden können und dass Männer das Recht haben, sie zu bewerten, zu kommentieren und zu belästigen. Beide sind ein Produkt patriarchalischer Strukturen, die Frauen in eine untergeordnete Rolle drängen und ihre Autonomie und Würde einschränken. Sie tragen zur Schaffung und Aufrechterhaltung einer – unserer – Kultur bei, in der Frauen objektifiziert werden.

Ich lernte jemanden kennen, sie trug kurze Röcke und Oberteile mit Korsettschnürung, ich mochte es, neben ihr Hosen und Blazer und Blazer ohne Hosen und Hosen ohne Blazer zu tragen und weite Shirts mit der Aufschrift »I like it when we play 1950«, eine Anspielung auf King Princess mit einer halben Milliarde Streams. Wir hörten ihre Songs, sie lachte und drehte sich im Kreis, bis sie aufs Bett fiel und mich mitriss. Ich war zwischen ihren Beinen und dann zwischen ihren Lippen.

Ich mochte es, dominanter zu sein. Ich mochte es auch, maskulin gelesen zu werden, und das an sich ist zu hinterfragen, was ist schon maskuline Kleidung? King Princess ist androgyn und so war es meine halbe TikTok-For-You-Seite in dem Jahr. So sind es Ruby Rose, LP und Lena Waithe, Samira Wiley, Kristen Stewart und Megan Rapinoe und so sind es Sarah Paulson, Cynthia Nixon, Wanda Sykes, Lily Tomlin und Rebel Wilson nicht, und trotzdem lieben sie alle Frauen.

◇

Ich empfinde es als heilsam, dass wir trotz äußerer Unterschiede innerlich irgendwie verbunden scheinen. Das Wissen darüber, was die Person gegenüber erlebt hat, vor allem in ihrer Findungsphase, in der sie sich gegen gesellschaftliche Konventionen finden und neu erfinden musste und durfte, bringt uns einander näher. Ich muss nichts erklären. Es ist, als wären wir alle gleichzeitig getrennt voneinander miteinander aufgewachsen.

KAPITEL XIV

Erstes Mal

Es gibt zwei Dinge, die ich am liebsten vor meiner ersten Beziehung mit einer Frau gehört hätte.

Erstens: Du musst dich nicht ansatzweise so sehr vor deinem ersten Mal stressen, wie du denkst. Ich kenne das Gefühl, Interesse an Frauen zu haben, habe aber keine Erfahrung. Nicht zu wissen, wo ich anfangen soll. Oder wie. Ich habe gegoogelt, ich habe nach Freundinnen gesucht, die lesbisch, pan oder bi waren oder Erfahrungen gemacht hatten, von denen sie mir berichten, Tipps geben konnten. Weil ich Angst hatte, nicht weiterzuwissen, mich verloren zu fühlen, zu enttäuschen.

Was ich gelernt habe: Kommunikation ist alles. Nicht mit Unbeteiligten im Vorhinein, sondern mit der Person, die vor mir steht. Die Person, die ich begehre und spannend finde und der ich ein gutes

Gefühl geben und der ich mich eventuell sogar öffnen möchte. Ihr zu sagen, was ich mag, was sich gut anfühlt, und sie zu fragen, was sie mag – allein das ist Grundlage genug. Kommunikation. Du wirst dazulernen.

Zweitens: Vieles, was du über konventionelles Dating gelernt hast, was dir vorgelebt wurde, ist in WLW-Beziehungen anders. Die Dates dauern länger, der Sex auch, Kennenlernphasen sind kürzer und die Hemmschwelle ebenso. Frauen gehen schneller Beziehungen miteinander ein und entschließen sich schneller dazu, zusammenzuziehen – so jedenfalls das Vorurteil. Man nennt sie *U-Haul-Lesbians*. Wir kennen sie. Wir waren sie vielleicht mal selbst. Die US-amerikanische Stand-up-Comedienne, Jazzmusikerin und (Broadway-)Schauspielerin Lea DeLaria machte Anfang der 90er einen Witz darüber, dass lesbische Frauen extrem schnell zusammenziehen. Frage: »Was bringt eine Lesbe zum zweiten Date mit?« Antwort: »Einen U-Haul.« Also einen nicht zu übersehenden, weiß-roten Umzugswagen der amerikanischen Umzugsfirma U-Haul. Natürlich gibt es Untersuchungen, die die Theorie widerlegen: Laut einer Studie der Stanford University[12] ziehen lesbische Paare nicht unbedingt schneller zusammen als heterosexuelle. Befragt wurden 3000 Paare (inklusive 220 weiblicher), und entgegen der landläufigen Meinung deuten die Resultate darauf hin, dass es keine signifikanten Unterschiede zu anderen Paartypen gibt. Und trotzdem: Ich kenne – neben mir selbst – einige Frauen, die dem Stereotyp entsprechen. Es könnte an der emotionalen Nähe zwischen Frauen liegen. Daran, dass es Frauen leichter fällt, sich einander zu öffnen. Ob das daran liegt, dass sie queer sind, oder daran, dass sie anders als Männer sozialisiert werden, dass sie den Ausdruck von Gefühlen weniger stark mit Scham verbinden und sich dadurch leichter öffnen. Psycholog:innen benennen neben einer größeren emotionalen Offenheit zwischen Frauen auch ähnliche traumatische Erfahrungen, wie Homofeindlichkeit in der Schule oder im Elternhaus, als mögliche Gründe dafür, dass lesbische Frauen sich schneller binden.

Eins ist sicher: Ich war nicht auf die Gefühlswelle vorbereitet, die ich mit meinem ersten Mal mit einer Frau erleben würde.

KAPITEL XV

Der Morgen danach

Umhüllt von dicken dunkelblauen Leinenbettdecken strecke ich meinen Kopf gen Fenster. Es ist hell draußen, der Himmel wolkenlos. Ich denke darüber nach, wie er sich bei niedrigem Sonnenstand rosarot, bei höherem Sonnenstand blau färbt, weil der Weg des Lichtes durch die Atmosphäre kürzer und die Intensität des gestreuten blauen Lichtes so groß ist, dass es überwiegt. Ich bemerke ein Druckgefühl im Kopf. Wie viel Uhr ist es? Acht Uhr sechsundvierzig. Ich bin mir sicher, dass ich nur vier Stunden geschlafen habe. Meine Augen fühlen sich geschwollen an, die Sonne blendet. Meine Haut ist weich. Ich sinke zurück in das weiche Kissen. Quer liege ich auf meinem riesigen Doppelbett, in dem nie mehr als eine Person genächtigt hat. Mein nacktes Bein berührt die kühle Leinendecke. Sie ist eine

Unsere Identitäten bringen uns dazu,
mehr über die gesellschaftlichen Strukturen
nachzudenken, in denen wir leben,
und darüber, wer wir sind und was wir
vom Leben erwarten – und von anderen.
Das ist gut so. Wir sind gut so.

der ersten Investitionen, die ich in meiner ersten eigenen Wohnung getätigt habe. Sie vermittelt mir ein Gefühl von »Zuhause«. Jetzt ist sie zerknittert und birgt erste Male, unterdrückte Wünsche, Komplexe und unverhoffte Besuche. Ich denke an letzte Nacht zurück. Noch nie hatte ich nach Intimität so einen Konflikt in mir, noch nie hat Intimität so viel gleichzeitig mit mir gemacht. Da ist es also, mein erstes Mal mit einer Frau. Es ist groß, und ich begreife es emotional noch nicht.

»Du machst es dir nie leicht«, hat mir mal eine Freundin gesagt, als ich ihr vom ersten Verliebtsein in Liv erzählt habe. *Du suchst dir nie einen leichten Weg.* Die Formulierung lässt vermuten, dass meine Sexualität meine Entscheidung ist, als sei sie frei wählbar. Aber auch ich selbst bin nicht frei von ähnlichen Gedanken. Das merke ich jetzt. Ich will die Realität wie einen Klartraum beeinflussen. Die Augen fest geschlossen, unter der Decke, wünsche ich mir die Möglichkeit, wählen zu können. Ich würde einen geebneten Weg einschlagen, der mir in diesem Moment leichter scheint. Ich würde wählen, mich nicht mehr zu Frauen hingezogen zu fühlen. Ich will die Scham, die ich empfinde, als mir Bilder der letzten Nacht in den Kopf kommen, nicht mehr fühlen, ich will mich nicht mehr mit meiner Identität auseinandersetzen oder den möglichen Konsequenzen, ich will ihr die Kraft nehmen, Beziehungen zu zerstören oder Menschen zu empören. Ich will mich als ganz empfinden. Als richtig.

Den Begriff, der beschreibt, was mir an diesem Morgen passierte, kenne ich erst heute: internalisierte Queerfeindlichkeit. Und sie passierte mir nicht, ich hatte sie in mir. Verinnerlicht. Es gibt Queerfeindlichkeit, der wir von außen begegnen, auf der Straße, im Alltag, off- und online, von Fremden oder vom engsten Familienkreis. Es gibt aber auch verinnerlichte. Sie tritt auf, wenn queere Menschen aufgrund der gesellschaftlichen Stigmatisierung und Diskriminierung, mit der sie konfrontiert sind, negative Überzeugungen über sich selbst übernehmen. Wir alle sind in einem patriarchalen System heteronormativ sozialisiert. Es ist daher nicht unüblich, Vorurteile in sich zu tragen. Entscheidend ist, was wir mit ihnen machen.

Die Rolle, die internalisierte Queerfeindlichkeit bei der Entdeckung der eigenen Sexualität und Orientierung spielen kann, wird selten besprochen. Sie äußert sich in Schamgefühlen, sie äußert sich in Angst, sie äußert sich in der Annahme, dass hetero-

und cis zu sein ein normal und alles andere es nicht ist. Sie richtet sich vor allem gegen dich selbst, gegen die eigene Identität. Sie lässt dich an dir selbst zweifeln. Eine Realität ist: Wäre das alles wählbar, würden viele eine andere Wahl treffen. Eine Realität ist aber auch: Unsere Identitäten bringen uns dazu, mehr über die gesellschaftlichen Strukturen nachzudenken, in denen wir leben, und darüber, wer wir sind und was wir vom Leben erwarten – und von anderen. Das ist gut so. Wir sind gut so. Wir sollten nicht zulassen, dass Scham unser Leben bestimmt – weder die Scham darüber, was andere über uns denken, noch darüber, was wir von uns selbst denken. Wie bei allem im Leben frage ich mich: Was öffnet sich hierdurch, und was bleibt mir verwehrt? Und ich komme zum Schluss: Hätte ich die Wahl, wäre ich weiterhin queer.

KAPITEL XVI

Angst

»Mango Sticky Rice«: Mango mit Kokos-Reismilch, Zitrone und Cognac. Die Kerze wirft Licht auf die Speisekarte, und Lil' Kim klingt aus den Lautsprechern. Wie unpassend in einer Bar im Raval, denke ich. Nach drei Jahren voller Veränderungen sitze ich wieder in meiner damaligen Stammbar.

»Was produziert für euch Endorphine?«, frage ich in die Runde. Ich will die Antwort wirklich wissen.

Lui schaut hoch: »Ketamin«, und, nach einem kurzen Zögern, »und Sex.« »*What are we without pleasure?*«, fragt Ronja.

»Ketamin hat eine antidepressive Wirkung«, wirft Lui ein. »Anders als MDMA. Ketamin greift deinen Serotoninhaushalt nicht an.« Klingt für mich im ersten Moment nach einer Wunschlösung.

Heilmittel, ein utopisches. Allein die Liebe, starke menschliche Verbindung, macht mich high. Die Ekstase, die ich empfinde, übertreffen?

»Der geilste Konsum ist Mischkonsum. Da hast du alle positiven Effekte aller Drogen vereint.« Aus dem Mund einer Person, die keine depressiven Phasen, keine Angstzustände kennt, klingt das authentisch. Aus meinem Mund weniger glaubhaft. Wir teilen uns ein Dessert, aber nicht die gleichen Erfahrungen mit synthetischen Drogen. Meine Augen wandern durch den Raum, mein Kopf ist leer. Ich kann mir kaum vorstellen, dass das Down nach MDMA nichts mit mir macht. Im gleichen Augenblick weiß ich: Ich will es ausprobieren.

◇

Mentale Freiheit ist mein höchstes Gut. Erst wer sie einmal nicht hatte, weiß, was sie wirklich bedeutet. Hechelt ihr hinterher. So fühle ich mich, als ich um drei Uhr vierzig morgens nicht schlafen kann, seit einer Stunde nicht, und Angst vor der Angst habe. Ich kenne Angstzustände und Panikattacken so gut, dass ich sie nicht entwickeln möchte in diesem Moment und mir, als ich meine Coping-Mechanismen im Kopf durchgehe, plötzlich nur noch eine einfällt: Tapping. Langsam den Körper mit meinem Zeige- und Mittelfinger abklopfen, oder schnell, darauf achten kann ich in akuten Situationen wie diesen nicht. Siebenmal klopfen an der Innenseite der Augenbraue, siebenmal an der Außenseite des Auges, siebenmal an der unteren Augenhöhle, siebenmal zwischen Oberlippe und Nase, siebenmal zwischen Unterlippe und Kinn, siebenmal am oberen Brustbein, siebenmal unterm Arm, ein paar Zentimeter unter der Achsel. Dann wieder von vorne. Klopfakupressur.

Hauptsache, konzentrieren auf das Jetzt, ach, da war ja was, genau, auf die Umgebung achten, sie bewusst wahrnehmen – den Spiegel an der Wand oder die geschlossenen Vorhänge. Nur ist es dunkel, und ich sehe kaum etwas, mache ich jedoch das Licht an, vergrößert sich meine Angst. Spiegel im Schlafzimmer sollen sowieso schlecht sein fürs Feng-Shui, vielleicht entferne ich den einen, der auf dem Sideboard an die Wand gelehnt ist. Mein Herz pocht schnell, mich holt die Angst ein, jemand sei in der Wohnung, nicht jemand neben mir im Bett wie meine Freundin, sondern jemand Fremdes, der sich den Flur entlangschleicht. Die Altbauwohnung ist hellhörig, und die Geräusche kommen wahrscheinlich aus den Dielen, von irgendwo außerhalb meiner Vorstellungskraft, die nur Erlebtes rekonstruiert und eine noch beängstigendere Situation erschafft, die umso realer wirkt.

Ich frage mich, wie ich so lange allein gelebt habe ohne Albträume und ohne die Angst, die erst seit drei Jahren in meinem Leben ist. Ginge es nach mir, hätte ich sie nicht kennen müssen, nur von ihr wissen müssen, so wie es immer war. Wie so vieles, was man selbst nicht erlebt hat, unterschätzt man sie und ihre Folgen, und seit diesem einen Morgen in meinem Bett in meiner kleinen Kölner Wohnung mit Herzrasen und Panikgefühlen und Mich-Fragen, woher sie kommen und warum sie nicht gehen, sind sie plötzlich ein Teil von mir, der jetzt lange nicht mehr da war, lange nicht mehr so häufig und regelmäßig, auf den ich jetzt Antworten kenne, der aber immer wiederkommen kann und den ich allzu gut kenne.

Vor drei Jahren hätte ich mich nie in der Situation geglaubt, Angst- und Panikgefühle zu kennen, geschweige denn über sie zu schreiben, aber heute weiß ich, dass Panikattacken auch zur Selbstfindung gehören können, und vor allem, dass ich damit nicht allein bin. Der Selbstfindungsprozess ist universell. Wir sind nicht allein, wir sind so viele, die sich finden möchten und sich dabei übermannt fühlen, überfordert, mal verloren, mal orientierungslos.

Das Ding mit Gefühlen ist: Ich kann versuchen, sie abzuschirmen wie mit einer Hand über der Stirn, wenn der Regen prasselt. Meine Haare werden langsam nass, die Kleidung, die Haut. Ich bin kaum geschützt, aber laufe mit meiner Hand vor meinem angestrengten Gesicht durch den Regen, die Augen zusammengekniffen. Als gäbe es die Möglichkeit, den Regen auszublenden. So sehe ich aus, wenn ich mich einer Emotion widersetze: kämpfend. Ich wehre mich dagegen, aber nass werde ich trotzdem.

Im Regen zu stehen, meinen Kopf gen Himmel, ohne ihn zu schützen, Augen geschlossen, ohne mich zu wehren, fühlt sich hingegen befreiend an. Es fühlt sich an wie Zulassen, es fühlt sich an wie *Okay, ich werde nass.* Das kann sich immer noch unangenehm anfühlen, wie *mir ist immer noch kalt, ich werde immer noch nass, und ich weiß nicht, wann das aufhören wird.* Vielleicht in den nächsten fünf Minuten, vielleicht in drei Tagen. Vielleicht erst in einer Woche. Komplett durchnässt fällt es mir manchmal schwer, mich daran zu erinnern, wie es sich anfühlt, wenn die Sonne langsam meine Haut wärmt. Ich weiß aber mit Sicherheit, dass der Regen irgendwann der Sonne weicht, genau wie jede jahreszeitliche Veränderung, genau wie jedes andere Gefühl. Es wird einem anderen Gefühl weichen, vielleicht sogar Euphorie, vielleicht Erleichterung; aber es wird aufhören. Das bringt mir Frieden. Wenn ich meine Gefühle wie das Wetter betrachte, nehmen sie mich nicht ein. Ich hänge nicht an ihnen.

Manchmal tu ich das, hänge mich an sie als spendeten sie Halt. Also denke ich über meine negativen Gefühle nach wie über den Regen. Sich gegen sie zu wehren, ist sinnlos. Ich fühle immer noch Trauer. Kein Versuch, eine Emotion zu stoppen, wird sie aufhalten. Ich kann Schutzvorrichtungen aufstellen, aber ich werde dadurch nicht aufhören zu fühlen. Selbst mit einem Regenschirm wird es nicht aufhören zu regnen. Es hört auf zu regnen, wenn es aufhört zu regnen. Trauer wird gehen, wenn sie bereit ist, zu gehen. Aber meine Erfahrung mit ihr kann anders sein. Ich kann sie kommen und gehen lassen, durch mich durchfließen lassen.

Alles hat die Kraft, vorübergehend überwältigend zu scheinen, aber eben auch eins zu sein: vorübergehend.

Wenn ich eins gelernt habe, dann, dass ich dankbar sein darf, zu fühlen. Die tiefsten, wegweisendsten Punkte waren die, in denen sich Gleichgültigkeit eingeschlichen hat. Langsam, aber plötzlich, wie eine Welle, die ich unterschätzt hatte. An den Punkten wünschte ich mir einfach, an Land zu sitzen, nicht die Orientierung verlierend im Meer zu treiben. Dabei ist das Meer ein heilsamer Ort. Nirgends bleibe ich so lang, nirgends ist die menschliche Welt kurz so still wie unter Wasser.

Ich bin zum Meer gekommen, um zu schreien, als ich nicht mehr weiterwusste, um abzutauchen, um meine Gefühle zuzulassen. Wie viele Orte gibt es, an denen du schreien kannst, so laut du willst? Ich bin zum Meer gelaufen, wenn ich es lang nicht mehr gesehen hatte, und habe es mit offenen Armen begrüßt wie eine alte Freundin, die ich endlich wiederhatte. Ihren Geruch, ihre Nähe, ihre Belastbarkeit, ihre Fähigkeit, einen Teil meiner Gedanken zu nehmen und sie durch Worte zu entwirren.

Die Momente, in denen ich nicht sehen konnte, nicht daran denken konnte, wie es weitergehen soll, wie ich mit Angstzuständen leben können soll und wie mit vermeintlicher Aussichtslosigkeit – ich vergaß, dass ich wieder auftauchen würde. Davon gehe ich aus, wenn eine Welle kommt. Warum dann nicht, wenn mich ein Gefühl übermannt?

Kein Gefühl ist endgültig. Es darf durch mich fließen, und ich darf wieder auftauchen. Ich darf mich daran erinnern, dass ich immer wieder Luft holen werde, egal, wie sehr mich die Welle unter Wasser drückt.

KAPITEL XVII

Bleib

Mit knapp sechsundzwanzig Jahren fühle ich endlich so viel. Wir fahren eine Landstraße außerhalb Barcelonas entlang, und sie singt zu Hallers »Hundejahre«. »Hätt ich das Ende gekannt, hätt ich anders angefangen.« – Ja, vielleicht hätt ich anders angefangen. Wär früher draufgekommen, dass es andere Realitäten gibt als die eine heteronormative. Dass meine Beine jetzt aus dem Fenster hängen würden und ich an ihren Lippen. Die Sonne scheint ins Fenster, und ich rieche die Waldluft. Kiefern, alles blüht bald. Ein bisschen wie mein Anfang. Gerade bin ich glücklich, und auch wenn ich weiß, dass jedes Gefühl vergeht, bin ich in einer Realität angekommen, in der ich mit meiner Freundin und meiner Engsten auf der Rückbank in der Abendsonne durch den Wald fahre und darüber nachdenke, dass wir alle unseren Weg gegangen sind; dass wir Beziehungen so eingehen, dass sie uns glücklich machen. Poly, monogam, lesbisch. *»Some things stay the same only by changing.«* Ich muss an Beziehungskonzepte denken und an den Ansatz, dass sie nur Bestand haben, wenn beide – alle – Beteiligten bereit sind, aus der Veränderung zu lernen. Auf dem anthrazitfarbenen Autositz, der meinen Kaffeegeschmack kennt, fühlt sich alles leicht und lustig an. Ungezwungen und bekannt. Ich muss nicht erklären, wer ich bin. So viel ist anders.

◇

Ich liege unter ihr. Wir schauen uns an. Jemanden so lange anzusehen, kann seltsam sein, so weiß man gar nicht mehr, ob man nur auf ein Auge schauen oder zwischen den Augen wechseln soll, und wird selbst angeschaut. Ich habe schon oft und viel angeschaut, also angeführt angeschaut, um genau zu sein, *»Eye Gazing«* geübt. Und angeleitet, in eigenen Workshops. *»Women Circles«*, so hießen die zwei- bis dreistündigen Treffen in Köln (die es aber auf der ganzen Welt gibt), bei denen wir uns in einem Kreis zusammenfanden und, eingetaucht in Räucherstäbchenduft, unsere Wünsche und Lebenswege reflektierten und durch Übungen wie der des Eye Gazings uns und unseren Gefühlen näherkamen. Ihr wärt überrascht, wie viele von uns nach zwei Minuten weinten. Und, da Weinen oft nur eine Deckmantel-Emotion ist, das ließ dann Raum für einen genaueren Blick auf die eigenen Gefühle.

Jetzt ist es jedenfalls keine Übung. Mittlerweile kann ich Blicken standhalten, und es gelingt mir, nicht vor meinen eigenen Gefühlen zurückzuweichen, meistens zumindest. Ich schaue in ihre Augen, genau genommen vom einen zum andern, und spüre, wie meine eigenen feucht werden. Eine Person lieben zu können, nicht platonisch, sondern romantisch, so richtig mit Mich-fallen-Lassen und -Öffnen und -Zeigen und nackter Haut und Hinsehen und ihrem Körper an meinem, mit Bindungsangst-nicht-nur-Identifizieren, sondern auch -Angehen, das ist neu. Vielleicht, weil ich nie danach gestrebt habe oder glaubte, es nicht zu tun, Heterobeziehungen als Norm hingenommen und mit ihnen auch meine laschen Gefühle für Männer, ja, vielleicht ist dieses Gefühl, das wir »Liebe« nennen, deshalb so überraschend und neu in meinem Leben. Vielleicht erleben wir eine verspätete Jugend in unseren Zwanzigern oder sogar Dreißigern, indem wir das erste Mal queer feiern gehen, uns in queeren Kreisen bewegen, uns austauschen und sehen. Vielleicht, weil diese Räume und diese Sichtbarkeit gerade geschaffen werden. Nicht die Zahl queerer Menschen steigt, sondern die Hemmschwelle eines Coming-outs sinkt und mit ihr die Dunkelziffer.

Die Luft ist erfüllt von einer Mischung aus Aufregung und Verletzlichkeit. Ich merke, wie sich ihr Brustkorb hebt, als sie einatmet und unser Schweigen bricht. »Als die Straßen warm waren und es nach Feigen roch, hab ich das erste Mal gespürt, dass ich dich liebe. Und jetzt liegen wir unter dem Sternenhimmelprojektor statt auf dem Dach der katalanischen Doppelhaushälfte und schauen in die virtuellen Sterne.« Wir liegen auf meinem riesigen Doppelbett, auf dem gleichen Bett, in dem ich vor vielen Jahren an mir gezweifelt habe, auf der jetzt warmen Leinendecke, und ihre Worte schweben in der Luft. Ich will sie greifen und für mich behalten. Ich muss an *Vom Ende der Einsamkeit* denken, das Buch, das mich in diesen verträumten Urlaubstagen in Spanien eingenommen hat. »Während die beiden weiter diskutierten, schlenderte ich allein am Strand entlang. Liz hat recht, dachte ich. Sie liebte bedingungslos, verschwendete sich bedingungslos, scheiterte bedingungslos.«[13] In Wells' Liz finde ich mich wieder. Früher war es das bedingungslose Scheitern und Neuaufstehen und Scheitern und Neuaufstehen, jetzt nähere ich mich dem bedingungslosen Lieben.

Ein lauer Wind streicht durch das offene Fenster und lässt die dunklen Vorhänge leicht tanzen. An diesem warmen Maitag küssen wir uns und vergessen dabei nicht nur das Drumherum, sondern auch, dass unsere »Andersartigkeit« uns mal zurückgehalten hat.

»Ich glaube, ich liebe dich auch.« Stille.

»Ich weiß es auch.« Ich muss grinsen. »Ich will, dass das so bleibt.«

Liebe kann sich unsicher, groß, vielleicht sogar falsch anfühlen. Aber sie zu lieben ist es nicht.

Danksagung

Danke an all die queeren Menschen, die in der Vergangenheit so für unsere Rechte eingestanden sind, dass ich dieses Buch überhaupt schreiben konnte und es in Buchhandlungen stehen darf. Ihr habt dazu beigetragen, dass alle Menschen freier sind.

Danke an meine Freund:innen. Dafür, dass ich sein darf. An die, die mich meine Realität hinterfragen lassen, mit mir die Realität hinterfragen. Danke, dass ihr mich irgendwo zwischen meinem ersten Buch und dem Versuch, das Leben trotzdem voll aufzunehmen, aufgebaut und mir zugehört habt.

An meine Eltern. Durch euch verbinde ich Herausforderungen nicht mit Angst, und Alleinsein nicht mit Einsamkeit.

Danke an all die Menschen, die mit mir die komplette visuelle Umsetzung des Covers gestaltet haben. An Ullstein, für euer Vertrauen in mich als Autorin.

Danke an all die Frauen, die mich haben fühlen lassen.

An dich, W.

Danke an euch. An die Menschen, die meinen Weg verfolgen – und ihren eigenen gehen. Ohne euch wäre das hier nicht möglich gewesen

Anmerkungen

1 Maria Uloko, Erika P Isabey, Blair R Peters: »How many nerve fibers innervate the human glans clitoris: a histomorphometric evaluation of the dorsal nerve of the clitoris«, in: *The Journal of Sexual Medicine*, Volume 20, Issue 3, March 2023, Pages 247–252, https://doi.org/10.1093/jsxmed/qdac027.

2 Helen E. O'Connell, John M. Hutson, Colin R. Anderson, Robert J. Plenter: »Anatomical Relationship Between Urethra And Clitoris«, in: *The Journal of Urology*, Volume 159, Issue 6, June 1998, Pages 1892–1897, https://doi.org/10.1016/S0022-5347(01)63188-4.

3 Statista Global Consumer Survey, Basis: 23 675 Befragte (18 bis 64 Jahre) in Deutschland; April 2021 bis März 2022.

4 Thekla Morgenroth: »Bisexual erasure: Perceived attraction patterns of bisexual women and men«, in: *European Journal of Social Psychology* 52.2, March 2022, Pages 249–259.

5 Sven Lehmann, Queer-Beauftragter in Sarah Frühauf »Angstfrei verschieden sein können«, in: *Tagesschau.de*, 06.01.2023, https://www.tagesschau.de/inland/innenpolitik/lehmann-interview-101.html (letzter Zugriff 20.07.2023).

6 June Bates: *she is the poem*, 2022, S. 48.

7 N.N.: »Berlin: Queerfeindliche Übergriffe erreichen neuen Höchststand«, in: *Queer.de*, 05.12.2022, https://www.queer.de/detail.php?article_id=44011 (letzter Zugriff 20.07.2023).

8 Albrecht Lüter, Dana Breidscheid, Philippe Greif et al. (Hg.): BERLINER MONITORING *Trans- und homophobe Gewalt, 2022*, https://www.lsbti-monitoring.berlin/de/monitoring/ (letzter Zugriff 20.07.2023).

9 OWN: »Dr. Maya Angelou on the Power of Words | Oprah's Master Class | Oprah Winfrey

Network«, in: *YouTube*, 28.05.2014, (letzter Zugriff 20.07.2023). Auf Deutsch: »Worte sind Dinge. Man muss damit vorsichtig sein, vorsichtig damit, Menschen zu beschimpfen, sie rassistisch und sexistisch abzuwerten – all diese Ignoranz. Lass es bitte. Eines Tages werden wir in der Lage sein, die Macht der Worte zu messen. Ich glaube, Worte sind Dinge. Sie stehen an Wänden. Sie dringen in die Tapeten ein. Sie dringen in deine Teppiche, in deine Polster und in deine Kleidung und schließlich in dich ein.«

10 Agnès Varda: *The Beaches of Agnès* (2008).

11 American Psychological Association (Hg.): »Lesbian and Gay Parenting« (2010).

12 Taylor Orth, Michael Rosenfeld: »Commitment Timing in Same-Sex and Different-Sex Relationships«, in: *Population Review 2017*, https://web.stanford.edu/~mrosenfe/Orth_and_Rosenfeld_Relationship_timing_Pop_Review.pdf (letzter Zugriff 20.07.2023).

13 Benedict Wells: *Vom Ende der Einsamkeit*, 2016, S. 120.

Besuchen Sie uns im Internet:
www.ullstein.de

Wir verpflichten uns zu Nachhaltigkeit
- Papiere aus nachhaltiger Waldwirtschaft und anderen kontrollierten Quellen
- Druckfarben auf pflanzlicher Basis
- ullstein.de/nachhaltigkeit

Manche im Buch erwähnten Personen wurden zum Schutz der Privatsphäre verfremdet und ihre Namen geändert.

Der Verlag hat sich bemüht, die Rechtegeber:innen ausfindig zu machen. Nicht in allen Fällen ist das gelungen. Für Hinweise sind wir dankbar.

MIX
Papier
FSC FSC® C083411

Allegria ist ein Verlag der Ullstein Buchverlage
1. Auflage Oktober 2023

Gesetzt aus der Scala
Druck und Bindearbeiten: CPI books GmbH, Leck
ISBN 978-3-7934-2447-5